あなたの職場の
繊細くんと残念な上司

なぜか若手が育たない本当の理由

渡部　卓

青春新書
INTELLIGENCE

はじめに――新しい働き方が求められる時代の〝ニューノーマル〟なリーダー術

ここ数年、職域リーダー研修やコーチングのあとに「最近の若者は繊細になった」という嘆きを管理職や経営陣からよく聞くようになりました。曰《いわ》く、

「自分の意見をハッキリ伝えられない」
「厳しい時代に仕事や人生設計、何を考えているのかわからない」
「誰に対してもYES・NOがきちんと言えない」
「仕事に対する責任、チャレンジ意識、チームワークが感じられない」
「ちょっと強く注意すると、すぐに心が折れる」
「当たり前の指導をしても、パワハラだ、ブラック企業だ、となる」

などなど、管理職・経営者からすると、いまの若手社員にもの足りなさを感じる場面が

多くなったようです。

誤解のないように最初に伝えておきたいのですが、この本は「いまどきの若者は〜」などとありきたりな若者論をぶつのが目的ではありません。そのようなステレオタイプに若者を一刀両断する上司ほど、また良かれと思って旧来の指導法に固執する上司ほど、若手社員の芽を摘む傾向があります。まさに「残念な上司」そのものです。

この本では、繊細な若手社員（繊細くん）と旧《ふる》い常識で部下を指導している上司（残念な上司）をブリッジしていくヒントをお伝えしたいと思っています。


いま、新型コロナウイルス蔓延をきっかけとして、リモートワーク、ソーシャル・ディスタンス、オンライン会議など新しい働き方への対応が求められています。にもかかわらず、上司・部下の意識の溝が放置され、若手社員が定着せず、育たない。これは、本来は無策による経営責任をともなうレベルの、大きな損失でしょう。

実際にこの2020年の夏、私のもとに学生や企業から五月病のような「コロナうつ」による相談が多く寄せられています。アフターコロナ、ウィズコロナに対応した新しい時代の職場のコミュニケーション、さらにはリーダーシップのあり方をいま、ここで再考し、手を打つことは喫緊《きっきん》の課題です。

私は職場の改善対策の専門コンサルタント、産業カウンセラー、エグゼクティブ・コーチとして、この20年近く、３００を超える企業や官庁、地方公共団体で、メンタルヘルスやハラスメント対策、働き方改革、健康経営などの研修を行ってきました。

それ以前は、新卒でモービル石油（現・ＥＮＥＯＳ株式会社／東燃ゼネラルグループ）に入社して営業現場を歩き、その後はペプシコ、アメリカオンライン、シスコシステムズなどＩＴ業界の先端で責任者や事業部長を経験。毎月のようにシリコンバレーと日本を往復するなど、休日も犠牲にして、得意になって働いていた時期がありました。

しかし、次第に自分も部下も、そして職場、業界までもが疲弊していく現状を目《ま》の当たりにしました。同僚が過労やハラスメントでうつ病となって休職したり、過労自殺する現実にも直面しました。それは社員や家族の人生、会社にとっても根幹の価値や責任に直結する重大問題ですが、私も経営トップも当時はそれが理解できなかったのです。

そんな苦悩の中、大学時代から指導を仰いでいた加藤諦三《かとうたいぞう》氏（早稲田大学名誉教授）から、産業現場の問題解決に社会と臨床の心理学、それに先端のＩＴの知見を活用せよ、とのヒントを授かりました。

そして、その産業現場での課題解決をライフワークにし、また会社のミッションにすべく、2003年にライフバランスマネジメント社を創業し、現在に至ります。

この間には早稲田大学やお茶の水女子大学、中国の四つの大学で教鞭《きょうべん》をとり、2014年からは常勤で帝京平成大学の現代ライフ学部で教壇に立っています。通算で約20年にわたって学生たちに向き合い続けていく中で、彼らのメンタルヘルスや悩み、希望などの心理、またキャリア、ワークライフバランスでの変化も見続けてきました。


いままさにアフターコロナ、ウィズコロナでの職場の新しい人間関係が議論される中、この数か月、自分の経験や研究を踏まえて、職場や働き方における不安を安心に導くための本を書きたいとの思いが強くなっていました。上司・部下の溝を埋めて相互理解を深め、次の時代を引っ張る若手の力を伸ばしたい。それこそがこの本を出版する最大の目的です。

多様性の時代、アフターコロナ、ウィズコロナの時代に求められる〝ニューノーマル〟な上司像、マネジメント法を見つけていただければと思っています。

渡部《わたなべ》　卓《たかし》

Check！

こんなことでイライラしている上司がいる職場は要注意！

□最近の若手社員からはやる気が伝わってこない

□いま頑張ることが将来のためなのに、仕事の割り切りが早い

□言いにくいことをメールやＬＩＮＥで伝えてくるのはどういうことか

□「報連相」くらいちゃんとしろ

□定時になったからといって、いつの間にか「お先に失礼」するな

□突然、会社を辞めると言い出すから困る

□在宅勤務、オンラインで営業が務まるのか

――――優秀なリーダーほど、若手の力を引き出せる。そのツボとは？

目次

はじめに――新しい働き方が求められる時代の〝ニューノーマル〟なリーダー術 3

序章

あなたの会社の繊細くん
――NOが言えない、折れやすい彼らの心のうち

NOをハッキリ言えない繊細くんが急増 16
内定辞退セット、退職代行がもてはやされる理由 18
合宿参加の可否を明確にしない学生が3分の2 21

採用面接を無断でドタキャンする人たち　24
「日経新聞を読んでいない」負い目から退職を決意!?　25
繊細な彼らを読み解く3つのキーワード　26
中高年には見えにくい「不安心理」　27
多様性の時代に高まる「同調圧力」　29
「doing」から「being」へ――人生に求めるものの違い　33
優秀な人ほど「残念な上司」になりやすい時代　34

第1章 残念な上司は「何を」見落としているのか
――上司には見えない「不安心理」の正体

テロ、震災、異常気象、感染拡大……がもたらした意外な影響　38

〝親の背中〟から学んだ残念なこと 42
定時になったら、黙って「お先に失礼する」心理 44
なぜ若手社員は電話がストレスなのか 47
「ワンチーム」を求めるほど若手はついてこなくなる⁉ 50
若手社員の定着率を左右する「横の人間関係」 54
あなたの職場に〝居心地のいい空間〟はあるか 57

第2章

できる上司ほど「強要」しない
——若手を追い込む「同調圧力」

自分の意見をハッキリ言いたくないのはなぜ？ 62
LINE、Twitterはやるけど Facebookはやらない理由 66

遅刻を注意されたら退職した若手社員の本音 69
飲み会、社内イベント……できれば幹事はやりたくない 72
海外勤務、転勤にはキッパリNOを言う若手社員が増えている 74
若手社員にとって職場の飲み会とは 77
社会全体の〝この変化〟に気づけている上司は生き残れる 79

第3章 人が伸びる職場のコミュニケーション
――カドを立てずにNOを言えるビジネスパーソンになる

NOを言っても人間関係が悪くならない人とは 84
私がYES・NOをハッキリ言えるようになったきっかけ 87
アサーティブな態度で自分の意見を言う 89

ハラスメントを恐れてダメ出しできない上司たち　92
言いにくいことを伝えるときには「かりてきたねこ」　96
ケース1　部下の仕事に上手にダメ出し、やり直しを伝えるには　104
ケース2　上司の提案・指示にカドを立てずに異を唱えるには　109
ケース3　重要な取引先の要求にNOを言うためには　115
〝いつも面倒な仕事を頼まれる人〟から抜け出す小さな習慣　122
クッション言葉をうまく活用しよう　125
自分の〝隠れた感情〟に気づくと反発されにくくなる　128
感情に振り回されない人になる「メンタフ・ダイアリー」　131
コミュニケーション上手は自己開示がうまい　136

第4章 できるリーダーの、若手の力を引き出す共感マネジメント
――〝新しい働き方〟の時代に求められるリーダーシップとは

できるリーダーは「2・5人称」で話す 142
〝2年待てる〟上司になろう 145
若手の力を引き出す近道は、何をおいても「傾聴」 147
部下との信頼関係を築く6つのポイント 152
「不安を共有」できる上司ほど部下からの信頼度が高い 158
よかれと思って、つい部下にしてしまう最悪なこと 162
指示も確認も、細かいくらいでちょうどいい 166
部下の成長に応じて、指示は4段階で変える 168

繊細な若手社員の力を引き出す6か条 171
若手の力を引き出している上司が「真っ先にやめた」こと 180

おわりに――お金でも役職でも、競争でもない、世代を超えて共通する「やる気」の源 185

序章

あなたの会社の繊細くん

——NOが言えない、折れやすい彼らの心のうち

NOをハッキリ言えない繊細くんが急増

「先生、退学の相談なんですが……」

数年前のことです。教え子のAさん（いま大学では学生には〝さん付け〟です）が私の研究室の入り口に顔を出しました。私は3つの大学（帝京平成大学、早稲田大学、お茶の水女子大学）で多くの学生に仕事やキャリアに関する講義をしています。そのためさまざまな相談を受けていますが、退学なんて穏やかではありません。とにかく「中に入って、ゆっくり話そう」と入室を促した私は、ふと廊下にいるもうひとりの学生に気づきました。Aさんの友人のBさんです。

Aさんを心配したクラスメートが研究室まで付き添ってきたのだと思いました。とはいえ、教員の前でAさんがプライベートな話をするため、付いてきただけの自分は部屋に入るのまでは遠慮しているのでしょう。そこで、Aさんに「Bさんも一緒に聞いてもらっていいかな」と確認してみました。ところが、Aさんの返事は予想外のものでした。

「先生、退学の相談をしたいのはBなんです」

ふつうなら、当事者であるBさんが最初に声をかけてくるはずです。退学することは、その後の人生にも関わってくる大きな問題です。なのに、付き添いのはずのAさんが前に出てくる。私が入室を促しても、相談者本人は研究室の入口でモジモジしている。ようやく話し合いが始まっても、いくつかの退学理由をAさんが代弁する場面が多いのです。

こんな体験をお話しすると、「Bさんはかなりシャイな性格なんだろう」とか、「相当気が弱そうだから仕方がない」と受け止める人もいます。

でも、じつはいま、Bさんのような行動を取る学生は決して珍しくありません。私は企業に勤めながらの非常勤講師時代を含め、約20年間、いくつもの大学や大学院で教員をしてきました。このような友人や家族が代わりに相談してくるケースは近年、とみに増えてきていると実感しています。

最近の学生は、相手の意に沿わない意思表示をしたり、ネガティブな内容を伝えたりすることがとても苦手です。

つまり、NOと言えないのです。

Bさんの例で言えば、大学を辞めるとの結論を出すまでには、相当悩んだはずです。しかし、教員の研究室まで来て「退学したい」と一対一で相談することも、耐えがたいストレスだったのかもしれません。面と向かってＮＯを言ったり、相手の意に反するような意見を表明したりするのは、彼らにとってはそれほど心理的ハードルが高いのです。

内定辞退セット、退職代行がもてはやされる理由

２０１９年12月に発売され、人気になった「内定辞退セット」（日本法令）という商品があります。長期化する新型コロナの影響で、この先の就職戦線はどうなるかわかりませんが、少し前までは人手不足による売り手市場でした。多くの場合、学生に選択権があるような状況だったのです。

そのため、本命以外の複数社から内定が出ても、学生は辞退します。

ところが、自ら内定辞退の連絡ができない学生が多く、企業との間でトラブルが起きていた。そんなニュースを知った企業が開発したのが「内定辞退セット」です。

セットの中身は「解説付き表紙」や「キレイに書ける記載例入下敷」、そして便せんや封筒までパッケージされています。内定辞退の模範文例がプリントされた「記載例入下敷」の上に便箋を載せ、上からなぞって書くだけで、型通りの内定辞退の手紙が出来あがる。

いわばマニュアルに従って、簡単に「NO」を伝えることができるのです。人事部に電話をかけて、担当者に直接辞退を申し出る必要がない。彼らにとってもっとも苦痛を感じる行為を避けられる。500円とコスパ（コストパフォーマンス）もいいので、いまの若い世代に支持されるのもわかります。

私からすればただのデマなのですが、インターネット上には内定辞退をする就活生に対して「しつこく引き留められた」とか「担当者が家まで説得に来た」なんて体験談がもっともらしく書き込まれています。こんな都市伝説レベルの与太話《よたばなし》でも、信じている学生は多いのです。NOを伝えるだけでもストレスのある彼らにとっては、自分の抱えた不安をさらに増す材料になってしまいます。

実際、学生から「内定を辞退したいけど、担当者がどんな反応をするか怖い」と相談を受けることがあります。私は「先生も企業に勤めていたときに採用に関わった経験があるけど、辞退しても気にしないよ。むしろ早めに素直に断られるほうがありがたいんだから」と伝えます。半信半疑で帰っていく学生が多いのですが、結果的に「渡部先生の言う通りでした」で済むケースがほとんどです。

そんな話を就活の前に私がいくら教えても、学生の不安は払拭されません。近年は、同じゃりとりの繰り返しです。

内定辞退セットと同様に「退職代行サービス」も話題になりました。会社を辞めたい社員が依頼すれば、退職に関する交渉・事務手続きを代行してくれるサービスです。

このサービスの利用者は、とくに若手社員が多いと聞いて、私には納得です。代行業者に頼めば、利用者は勤務先に退職の意思を直接伝える必要はありません。

退職代行の場合、ブラック企業やパワハラ上司（自分では正しい指導をしているつもりで、パワハラの意識がない上司がまさに「残念な上司」です）の問題も潜むので、一概に若手社員だけを責めるつもりはありません。

それでも、このサービスを利用すれば、ほとんどの場合、もう職場に足を運ぶことがなくて済む。やっかいな上司や同僚と顔を合わせることなく、退職の手続きが完了するわけです。

NOが言えない繊細な彼らにとっては願ってもないサービスであることは間違いありません。

合宿参加の可否を明確にしない学生が3分の2

若い世代がNOを言えなくなるなど、どんどん繊細になっているという傾向は、日々感じています。

たとえば、いまはゼミ生や大学院生との日常の連絡はLINEやSlack《スラック》を使って行っています。

ネットのリテラシー（理解し、活用する能力）は若い世代のほうが上です。子どもの頃からITに慣れ親しんできたので、コミュニケーションツールも用途別に使いこなすし、検索能力も中高年より高い人が多い。IT業界出身の私でも学生に使い方を教わることも多々あります。

そんな彼らであっても、こちらから何かを提案したり、問いかけたりした場合、返事がNOであるなら、とたんにレスポンスは悪くなります。

一例を挙げましょう。

新型コロナ問題以前では、私のゼミではよく夏や春に合宿を定期的に企画しました。その際、ゼミのグループＬＩＮＥの画面上に「□月○日から△日までの間で軽井沢合宿を２泊でやりませんか。参加か不参加か、また都合のよい日を１週間以内に教えてください」と書き込みます。当然のことながら、私としては出欠がハッキリするのは早いほうが助かります。

半日もすれば「既読」マークは全員に付きます。そして、早い段階で返信をしてくる学生は一定数います。でも、それは全体の３分の１程度にすぎません。

だいたい３分の２を占める学生からＹＥＳともＮＯとも反応がなく、日にちが経過していくのがいつものパターンです。いったいどれくらいの学生が参加するのかをまったく把握できないまま、無為に時間が経つのでジリジリしてきます。

毎度のことだとわかってはいても、私もしびれを切らしてしまいます。彼はまた今回も返信がないなと思うと、本人に直接問い合わせてしまうこともあります。返信がない学生はそこで初めて意思を表明します。

「じつはバイトのシフトを替えられないので、難しそうです」「家族と九州に帰省する予定があります。すみません」などなど。

返信がない学生はだいたいが不参加です。ＮＯと伝える行為が嫌なので、最終的にこちらから直接尋ねられて渋々NOと答える。そんな学生が少なくありません。なかには、出欠を尋ねられた直後に断るのは失礼だから、返事までの時間をかけることで、しっかり検討して調整したけど無理でした、という演出の意図がある人もいるかもしれません。本当にやりくりしたけどダメだった学生もいるでしょうけど……。

多いのは、NOと返信すること自体が私に対して失礼だと思っている学生です。せっかく先生が合宿を提案してくれたのに、参加を断ることは、相手を否定することにつながると心配している。先生を否定したり、不快にさせたりする行為はできないから、NOの返信はできない。そして、そのまま時間だけが過ぎていくのです。

とにかく彼らはNOという返信に不安を感じているのです。

いまではこちらが打診しても、半分以上の学生は無反応だと最初から想定しています。かりに「緊急です。明日の正午までには返事をください」と書いても、必ず一定層からは連絡が来ない。NOだから返信がないんだと推察しています。でも、出欠の意思表示がない状態で放置しておくわけにもいかない。結局はやっぱり、こちらから連絡するという繰り返しになるわけです。

採用面接を無断でドタキャンする人たち

この傾向は、当然のことながら学生だけではありません。若い社会人でも同様です。

私は企業の管理職研修や若い世代向けの能力開発研修の講師に呼ばれることも多いのですが、研修会後の懇親会で企業の採用担当者たちから「中途採用の面接当日に、まったく連絡なしでドタキャンする人がいるのに、もう驚かなくなった」という話を聞くようになりました。

企業の中途採用に応募してきた中堅ともいえる20代30代の人が、大切なはずの面接試験を当日、無断でキャンセルをするというのです。

以前であれば、やむをえず欠席する場合でも「申し訳ありません。本日行けなくなりました」と連絡の1本も入れるのが礼儀、というより常識でした。でも、その連絡ができない人が少なくないのです。

「日経新聞を読んでいない」負い目から退職を決意!?

少し前の話になりますが、知人からこんなケースも聞きました。

ある企業の部長の部下に同期入社の2人の女性がいました。彼女たちは表面的にはうまく協力し合っているように見えました。一緒にランチもしていて仲がいいと思っていたのです。

部長はあるとき、彼女たちに「社会人になったら日経新聞ぐらい読まなきゃダメだよ」と何気なく言ったそうです。かつての管理職なら誰でも言いそうなアドバイスです。

A子さんはすぐに日経新聞を取り始めて、オフィスに持参し、昼休みに読むことを習慣にしました。もうひとりのB子さんはそのアドバイスを実行しませんでした。そして、あろうことか、まもなく会社を辞めると言い出したのです。

驚いた部長が理由を聞くと、「会社には不満はありません。ただ、同僚のA子さんが毎日、日経新聞を一生懸命に読んでいる姿を見て、自分はとてもついていけないと思いました。それでとても居づらくなったのです。でも、彼女に対して悪い感情はありません」と答えたのです。

その返答がB子さんの本音かどうかはわかりません。ほかにも会社を辞めたくなる理由があったのかもしれませんが、とくに不満はなかったとB子さんは言うのです。

もちろん、その部長は日経新聞を読み始めたA子さんをひいきにしたりしていません。ただ、B子さんの目からはどう見えていたのかまではわからない。素直に日経新聞を読み続けるA子さんと自分の違いが、繊細な彼女には耐えられないプレッシャーだったのかもしれません。

繊細な彼らを読み解く3つのキーワード

誤解してほしくないのは、繊細な彼らがハッキリ意思表示できないのは、必ずしも気弱だからでも、何も考えていないからでもありません。彼らには彼らの論理があり、世界があり、思考した結果として選択したのが、自分を強く主張したり、無理にNOを言わない生き方なのです。

とはいえ、中高年の世代、とくに職場で若手社員と接する機会の多い読者の中には、「いまどきの部下や後輩は扱いにくい」「意思をハッキリ示さないから何を考えているかわからない」「いちいち指示を出さないと自分で動けない」「仕事に対して煮え切らない態度が気になる」などネガティブな印象を抱いているかもしれません。

無理もない話だと思います。

実際、私もそう感じていた時期があります。

しかし、外資系企業に勤めたりベンチャー企業を起ち上げた中で、あるいは、その後に大学教員として多くの若い人たちと接してきて、必ずしも彼らがひ弱になっているわけではないと感じています。

では、「いまどきの若者は……」とつい思ってしまう中高年の管理職世代と何が違うのか。

それについて、私なりに感じ、考え、たどり着いた結論があります。彼らの繊細すぎるともいえる言動の背景には、大きく分けて3つの共通点があるのです。

中高年には見えにくい「不安心理」

まずは何といっても「不安心理」です。

現在の30代ぐらいまでの世代は、多感な時代に、社会が劇的に変化する衝撃を嫌と言うほど経験してきました。

まず彼らが物心がついたときに「阪神・淡路大震災」「地下鉄サリン事件」（95年）がありました。「アメリカ同時多発テロ事件」（2001年）、「リーマン・ショック」（2008年）も日本に甚大な影響を与えました。

大型の台風、水害、酷暑、冷夏など毎年のように異常気象が叫ばれ、実際に被害の様子を目の当たりにしてもいます。

まだ記憶に新しい「東日本大震災」（2011年）、そこから発生した「放射能・原発問題」。「熊本地震」（2016年）、「北海道胆振《いぶり》東部地震」「西日本豪雨」（2018年）、千葉県を中心に大きな被害をもたらした「令和元年台風」（2019年）など枚挙にいとまがありません。そしてきわめつきは今回の「新型コロナウイルス禍」（2020年）です。

築き上げたものが一瞬にして崩れ去る。社会はまばたきする間に変貌してしまうと感じてもおかしくありません。極論すれば、彼らは長く安定した社会を無条件には信じられなくなっている。

もちろん、中高年の管理職世代にも深刻なダメージを与えた出来事ばかりでしょう。バブル崩壊によって、給料右肩上がり、年功序列、終身雇用制が変容していく体験をしているはずです。リーマン・ショックによる不景気で職を失った人も数多くいました。東日本大震災で、ボランティアに励んだり、会社をやめて好きな道に進んだりと、人生観を変えた人も知っています。

それでも、子ども時代、多感なティーンエイジャーの時代、就職時に社会が激震する経験をした世代のメンタルへの影響は計り知れません。ただでさえ「失われた20年」の中で低成長が当たり前の時代しか知らずに生きてきた世代です。

だから、中高年の管理職世代が思っている以上に、彼らは先行きに対する「不安心理」をつねに抱えて生きているのです。

多様性の時代に高まる「同調圧力」

2番目は「同調圧力」です。

もともと日本は同調性の強い社会でした。

昭和の大人の常識も同調、和を重視することが求められる。仕事のためには、妻の出産や、大事な家族の死に目に立ち会うことすら後回しにすることが美徳とされました。

現在は、会社第一であらゆるプライベートの犠牲を強いる風潮に関しては、働き方改革やハラスメント防止法によって歯止めがかかってきました。

しかし、若い世代を取り巻く状況に関しては、同調圧力がいままで以上に強まっています。

インターネットやSNSの発達により、個人の行動すべてが白日のもとにさらされるという時代背景もあるでしょう。30年前なら、職場や学校など集団で行動する際は周囲に合わせてふるまっていても、ひとりになったら思い切り、本当の自分を解放することが可能でした。しかし、いまやネット上にすべてが暴かれてしまいます。良くも悪くも、ひそやかな楽しみや、これぐらいは隠せるはずと思う行動はしにくくなりました。

つねにSNSでつながっている時代ですので、自分の情報、隠れた世界、プライバシーがない。そうなると他人と違う行動をする人を見つけたら、なぜあいつだけ、と怒りの矛先が向けられてしまいます。

また、彼らが過ごしてきた中学校や高校での生活でも、同調圧力が強まっていたことがあるようです。

学校生活や行事で、過度の連帯感や所属感、団結を求められ、はみ出すことを許さない空気が強まっているということは、文部科学省が懸念を示しているほどです。私が若手社会人の勉強会で行った調査でも、同じような声がたくさん聞かれました。

最近では、ブラック校則が問題になるなど、学校側が過度にマニュアル化して生徒を管理していることも、同調圧力を強めている要因になっているかもしれません。都立高校でツーブロックという髪型が校則で禁止されている例など、高校時代に長髪だった私から見ると爽やかそうな髪型ですし、教育委員会が禁止とする説明（「外見等が原因で事件や事故に遭うケースなどがあるため、生徒を守る趣旨から定めている」）も私には理解不能です。

実際、個性を活かすとか、多様性が叫ばれる一方で、他人と違った行動に対して周囲から厳しくチェックされるという二律背反が、社会全体で起きています。

それは今回のコロナ禍の緊急事態宣言下において顕著になりました。一律の行動に従わない相手は、自粛警察が発動して、リアル・ネットにかかわらずバッシングの対象にされたのです。

休業要請を無視して営業する店舗、いや、要請の条件を守って営業する店舗に対しても、嫌がらせの貼り紙や、理不尽なクレームが浴びせられたのは記憶に新しいでしょう。行動自粛が呼びかけられる中、駐車場などで目についた県外ナンバーの車が傷つけられたり、悪質なイタズラを受けたこともニュースになりました。

また、SNSの発展によって、ネットで自由に表現できる半面、発言が世の流れに沿っているかを気にしなければならない。世の中が沈滞ムードであれば、華やいだ写真や記事を載せるのは控える配慮が必要になります。

知人のUPした記事の内容如何《いかん》にかかわらず「いいね！」をつけなければいけない。そんな〝SNS疲れ〟は誰でも経験のあることでしょう。物心ついたときからPCや携帯電話、インターネットが普及していた若い世代は、ネットリテラシーが高い半面、その負の影響も受けざるをえません。

すべてが明るみに出る社会では、自分の意思にかかわらず、大きな流れの中についていくほうが賢明な判断になります。

「doingからbeing」へ――人生に求めるものの違い

3番目は「doingからbeing」への価値観の転換です。

これは、私の知人である鈴木秀子先生（国際コミュニオン学会名誉会長）が、よく使われている言葉です。doing＝「何をするか」よりも、being＝「どうあるか」を重視する傾向のことです。

私はそれをもう少し拡大解釈してdoing＝「目に見える価値観、数で測れるもの」、being＝「目に見えない価値観、存在そのもの」と考えます。

昔はハワイに行ったとか、高級車を買ったとか、大きな家を手にしたという、目に見えるわかりやすいモノや行動、つまり外の世界に価値観を置いていた人が多かった。

しかし、いまの若い世代は外側ではなく、自分の内側に価値を求めています。

海外旅行に行くことをそれほどステータスとは考えていません。高級腕時計は無駄で、スマホがあれば十分と考えている人は多い。ブランドものの服や財布、バッグを欲しがる人も減っています。高級車どころか、マイカー自体を欲しがらず、使うならカーシェアで済ませる。

今回のコロナ禍でも、学生は家で楽しむ方法をいくらでも見出していました。動画配信サイトに加入して、海外ドラマや映画を観賞する。自宅にいながら、オンラインによる飲み会を仲間で開く。無料のソーシャルゲームをプレイする。

決して我慢した結果ではなく、それらの選択に心から満足しているのです。

この欲が見えにくい傾向も、中高年世代からの理解を阻害する要因だと思います。

優秀な人ほど「残念な上司」になりやすい時代

大雑把な言い方を許してもらえば、若い世代と、中高年の管理職世代との大きな違いは「ワークライフバランス（仕事と生活の調和）」に対する意識の違いでしょう。

何を大事にして毎日を生きているか。この軸を見誤り、自分たちと同じ価値観で生きていると考えるから「いまどきの若者は常識がない」「仕事に対する覇気がない」と判断しがちなのです。

そんな彼らの行動の背景も、「不安心理」「同調圧力」「ｄｏｉｎｇからｂｅｉｎｇ」の

3つのキーワードで見ていくと理解できます。

この本では、組織のメンタルヘルス・コミュニケーションのコンサルタントとして、また、社会に多くの学生を送り出してきた大学教員として、私が見聞きした彼らの言動や傾向を紹介しつつ、学術研究・調査なども参考にしながら、中高年の管理職世代からすると繊細すぎると思える若手社員（「繊細くん」）が増えている背景には何があるのかをひもといていきたいと思います。

若い頃に頑張って成果を上げてきた優秀な上司ほど、こういった繊細な若手社員の心理が理解できず、熱心な指導をしているつもりで、彼らの芽を摘んでいる「残念な上司」になってしまっている傾向があります。

追い詰められた若手社員は、昨日までふつうに働いているように見えたのに、突然、会社を辞めると言い出すことさえ珍しくありません。

そんな残念な上司にならず、彼らの心理傾向を理解し、潜在力を引き出すマネジメントの一助になれば、と願っています。

第1章

残念な上司は「何を」見落としているのか

――上司には見えない「不安心理」の正体

テロ、震災、異常気象、感染拡大……がもたらした意外な影響

「今年の漢字」をご存じですか？

財団法人日本漢字能力検定協会が毎年年末にその一年を象徴するような漢字を全国公募して選んだ一字を指します。いまや年末の風物詩としてメディアでも大々的に流されています。京都の清水寺で書き上げられる場面を目にした人も多いはずです。

２０１９年は「令」でした。00年の「金」や05年の「愛」、11年には「絆」など希望に満ちた漢字が多いイメージかもしれません。

ところが実際は毎年ポジティブな漢字ばかりが並んでいるわけではありません。

95年から始まっていますが、その年の漢字は「震」です。もちろん、阪神・淡路大震災や、無差別テロ攻撃による世の中の震撼《しんかん》を表しています。以降、山一證券をはじめとした倒産が多かった97年は「倒」、翌98年は和歌山毒物カレー事件や環境ホルモンで「毒」、01年は同時多発テロやアフガニスタン侵攻によって「戦」、07年は食品表示偽装や年金記録問題で「偽」です。

西日本豪雨や大阪・北海道が震災に見舞われた18年の「災」は記憶にあるかもしれませんが、じつは04年にも「災」が選ばれています。この年も新潟中越地震をはじめ、台風、豪雨、猛暑など記録的な天災が襲ったからです。

「今年の漢字」がスタートしてからの25年間は大地震、大型台風、豪雨、猛暑、無差別テロ、倒産ラッシュとありとあらゆる災厄によって日本社会は揺さぶられてきました。そして、きわめつきは２０２０年の新型コロナウイルス禍です。

この激動の時代を子どもから青年の多感な時期に過ごしてきたいまの若い世代は、確実なものなど何もないと感じています。

少し私自身の経験をお話しさせてください。

私は山登りが趣味で、定期的にあちこちの山に挑んでいます。でも、自然を相手にする以上、いつも快適な登山とは限りません。いままで3回ほど、死が頭をよぎるような状況に直面しています。それはロッククライミング中のスリップであったり、雪山の天候変化だったりと、想定の事態を超えて山の様子が急変してしまったのです。そんな危険な状況で採るべき道は一つです。

むやみに前進しないこと。これに尽きます。

自然の変化が激しいときには、動き回らないほうが安全です。下手に動いたら、事態を悪化させる可能性が高い。想定外の事態になった時点で早く避難できるスポットを見つけてジッとするのが最善なのです。体力を消耗するうえに、テントも張れないまま立ち往生しかねません。そして、たとえ頂上が目前だったとしても、状況によっては反対する仲間たちを説得して諦めることも大切です。

いまこうして振り返ってみても、あの危機に陥った場面で動いていたら、私と仲間たちは死んでいたと思います。

若い世代の話に戻しましょう。

彼らはSTATUS QUO（ステータスクオ＝現状の維持）志向です。現状を変えようというエネルギーは比較的少ない傾向があります。

それが激動の社会でもっともローリスクな生き方だからでしょう。

世の中が不確かな状態で、大きな変化がいつ訪れるかわからない。そんな不安をつねに抱えているからです。無駄に動いて、いまの自分の状況を下手に変えてしまい、悪い状態になったら困る。むしろ悪くなる可能性のほうが高い。そんな意識もあるでしょう。

だから、彼らはいま、全体的に保守化しています。私（60代）の学生時代は、政治を見て「このままではダメだ！　変革を起こそう」と息巻く連中が多くいました。世の中に対して、俺たちが変えてやるんだと騒いでいました。

実際、政治に関する世論調査では、２０１７年以降、安倍政権への年代別支持率で、60歳以上に比べて20代の支持率のほうが15ポイント以上も高いのです。２０１９年6月の調査では、じつに20代の7割が安倍政権を支持していました（日本経済新聞調べ）。

もちろん、積極的な支持者ばかりではないでしょう。また、いまでも政治的な変革を声高に主張する若い世代もいますが、全体のうねりにまでは至りません。声を上げて、世の中が自分に不利な状況に変わったら困るという不安が潜在的に強いのだと、私は見ています。

彼らは様子を見ているのだと思います。とりあえずは大勢におとなしく従っておく。その結果、保守傾向になるのでしょう。

“親の背中”から学んだ残念なこと

若い世代の心理にはベースとして「不安」があることは前述しました。不安定な環境で育ってきた影響は大きいのです。

不安をかきたてる要素は、社会の基盤を揺るがす災害や事件だけではありません。もはや大企業がリストラ、早期退職者を募るのは珍しくありません。昭和世代の人間なら、大企業に就職が決まれば一生安泰だと思えたでしょう。寄らば大樹の陰、という人生観は現実もその通りだったのです。

だからこそ、「勉強して、いい学校に行け。いい会社に入れ」というコースが成功の近道でした。

しかし、世はバブル経済の崩壊から平成・令和へと移り、そんな成功の保証はどこにもなくなりました。

私は多くの学生から「両親（の働き方）が幸せそうに見えない」という声を聞いています。彼らは「親を見ていると、（働くことに）不安になってきます」と口にします。

休日も出勤や出張で仕事に振り回されていた、大企業に勤務していて誇らしげだったのに無情にもリストラされた、毎朝早くから出勤していたのに定年前に部署が替わり閑職に回された……。最近のコロナ禍でも在宅勤務を許された親はそう多くはないようです。そんなこともあって、親の背中を見る限り、楽しそうに仕事をしているように見えなかったと言います。

いまや彼らからすれば、どんなに会社に忠誠を尽くしても、大企業にさえ裏切られる時代です。どんな企業にもリスクはあるし、将来は不安定であると考えています。

たとえば、JALとANAは就活生に人気の企業です。しかし、先日、両社合計で2千億円の赤字（2020年4〜6月期）が発表されました。そうなると、一気に不安になります。若い世代からすれば、何を頼り、何を信じ、何を目指したらいいのかわからなくなってくるのです。

かつてなら、東京大学に入れば、天下を取ったぐらいの雰囲気がありました。でも、いまの東大生が「将来が不安で、留学したいです」と私に相談に来ることがあります。もはや、東京大学の看板があっても、未来の安心材料だと考えないのです。

思い返せば、私が学生だった時代は単純だった気がします。とにかく豊かさを求めて、がむしゃらに突き進めた高度経済成長の名残が確実にありました。努力すれば報われる。勉強すれば上に行ける。そして現実に夢見た結果はついてきた。

いまや、職場でしゃにむに頑張ることが人生の幸せにつながるとは限らない世の中になったのです。

定時になったら、黙って「お先に失礼する」心理

先日、ある中小企業の部長が私にボヤいていました。

「いまどきの新人は、来社した顧客に対して笑顔がないんですよ。さすがによくないと思ってやんわりと注意したら、聞こえるか聞こえないかくらいの小さな声で『面白くもないのに笑えません』なんてボソッとつぶやかれて、あぜんとしました」

ボソッとつぶやいたとはいえ「面白くもないのに笑えません」と反論してしまうこの〝新人〟の態度は改めなければなりません。ただ多くの学生と接している私からすれば、彼は決してムッツリしていたわけではないと思います。でも、社会通念上で要求されるレベルの笑顔にはほど遠かったようです。

原因は、彼が育ってきた環境にもあるでしょう。喜怒哀楽を表出させる場面が極端に少なくなっているからです。私らの子どもの頃は、学校から帰宅したら外に出て遊んだり、行動範囲が広く、他人と接する機会も多かったものです。

ところが、いまの時代は帰宅後は塾で忙しいし、家にいれば1人で過ごすツールも充実しているため、あまり外に出なくても楽しいことがいくらでもあります。1人で楽しめるので、家族とのコミュニケーションの絶対量も少ない。兄弟姉妹がいない子も多く、あまり喧嘩もしない。つまり、表情が豊かになるような体験、経験、失敗の絶対量が減ってきているのです。

それなのに、職場が以前の価値観、経験則に基づいて、社員を枠にはめたりマネジメントしたりすれば、ミスマッチが起こるのは当然でしょう。先の「お客様の前では笑顔でいろ」はその典型です。我々の世代にとっては当たり前のことでも、同じ文化を経ていない彼らには簡単にはできないのです（しなくていい、ということではありませんが）。

似たケースに、定時で仕事が終わった新人が、まだ残っている上司や先輩に「何かやることありますか」と訊《き》く慣例があります。20～30年前の職場なら当たり前の光景でした。意訳するなら「今日はこのまま帰ってよろしいですか」と許可を求めているわけです。

上司や先輩より先に帰る場合には、必ずひと言かけろ、がビジネスマナーだと言われてきました。自分の担当分が終わっても、それ以上の仕事をしてこそ認められると教えられました。ビジネスとは、相手の期待に応えているだけではダメで、期待値を上回る成果を見せて初めて評価される。そんな教育を受けてきました。

いまでは違います。新人は〝声がけ〟などなくサッサと帰っています。そうすると「なぜ若い社員は残業を嫌がるのか」と中高年世代は言いがちです。でも、この「なぜ」という疑問自体がおかしいと考える必要があるのです。

前項で述べましたが、この不安定な世の中では、会社に尽くしても必ずしも報われるわけではありません。だから、若い人が言われたことしかやらないのは、気が利かないわけでも、やる気に欠けるからでもない（本当に気が利かなかったり、やる気に欠けている若手社員もいるでしょうが）。指示された以上の仕事をしても、自分のためになるという意識を持てないのです。

学生たちのレポートも、教員である私の期待を超えて驚かせてやろうという意識はあまり見られません。指示された範囲の中で自分なりに頑張る学生がほとんどです。自分なりには頑張っています。我々から見ると頑張っていないように見えても、本人は一生懸命にやっています。

冒頭の「笑顔がない」と言われた新人も、本人的には柔らかい表情を見せていたんだと推察します。でも、それ以上の水準を要求されても難しいのです。

なぜ若手社員は電話がストレスなのか

序章で、企業の中途採用面接を無断でドタキャンする応募者がいる話をしました。

ここでは、その一つの大きな理由について説明したいと思います。

じつは、彼らが音信不通になるのは、断るために必要な「電話」というツールが大きなハードルになっているのです。

一次面接までのコミュニケーションは、メールのやりとりで行われているはずです。生の相手と対峙する一次面接が初めての〝リアル〟と言えるでしょう。それまで何度か電話でやりとりしているのならともかく、最後の申し込みもメールで受け付けられている。そこから、直前の面接のキャンセルというNOを電話で伝えるのは、いまの就活生（転活生）には、それがマナーと知りつつ、相当ハードルが高く感じるでしょう。

NOと言うことにも、電話にも慣れていません。

中高年の世代は電話で会話することは何でもない行為です。メールよりストレスがないくらいかもしれません。しかし、若い世代にとっては、学生時代までの自分が経験してきたコミュニケーションとは別ものなので、電話は不安でストレスなのです。

職場で電話を取りたがらない新入社員が多いことは周知の事実になってきました。彼らにとっては突然電話をかけたり、かけられたりの行為が日常のひとコマではありません。必要な場合、まずLINEで「いま、電話してもいい？」と事前に確認してから、電話につなげます。電話をせずにLINEのやりとりでコミュニケーションを完結させることのほうがふつうです。そんな生活を送ってきた彼らには、友人でも何でもない見知らぬ相手に入れる断りの電話は、とてつもなく難度の高い作業なのです。


さらに言えば、実際に初対面の相手と顔を合わせるというハードルも高い。彼らはリアルな素顔での、生のコミュニケーションに対して抵抗感があります。とにかく顔をさらす行為への拒否反応が強いです。

たとえば、学生証には持ち主である本人の小さい顔写真が貼ってあります。あの上にプリクラで加工した顔写真を貼り付ける学生がいます。言うまでもなく、これでは証明書になりません。

期末試験で、各自の机の上に学生証を出したとき、「プリクラを剥がしなさい」と注意すれば、素直に剥がします。でも試験が終われば、また貼り直している。顔を隠していないと落ち着かないのです。

そのため、新型コロナの影響で広まったＺｏｏｍなどでのオンライン授業であっても、顔を見せたがらない学生が多数派です。顔だけ非表示にしたり、仮面で隠せるアプリを使ったり、アニメのキャラクターのアイコンを表示しています。

仲がいい友達だけのグループなら気にしません。でも、そこへ教員や知らない学生が入ってくると緊張します。彼らの表情がサッと変わります。オンライン授業ではボイスだけにして、画面に顔を映すのは勘弁してほしいと思う学生は男女ともに多数派です。もっとも教員側もそのへんは心得ており、またパケットの節約対策もあり、常時顔を出すことを求める教員は、現在ではもういないと思います。

だからこそ彼らは使い慣れたＬＩＮＥを好みます。前述したようにＮＯの意思の場合はレスポンスが悪くなりますが、ＯＫの内容に関しては、ＬＩＮＥであれば事細かに伝えてきます。対面で会っているときとは打って変わって饒舌《じょうぜつ》になる学生も珍しくありません。

彼らに合わせて、私もゼミの学生とコミュニケーションを取る際はもっぱらLINEです。

テキストだけではなく、スタンプも頻繁に使います。

スタンプは言葉以上に学生とコミュニケーションをうまく取りやすい。たとえば「頑張れ」と伝えるのに、生の声より、「頑張って」とLINEのキャラクターのスタンプを打つほうが、彼らからの反応は確実によくなります。

「ワンチーム」を求めるほど若手はついてこなくなる⁉

私は毎年、複数社の企業研修の講師を頼まれます。

最近、スケジュールに関して、人事担当者から異口同音に言われることがあります。

「研修は平日の勤務時間内でお願いします。夕方から2時間の開催や、土曜日に開催することは難しいです」

以前は、会社がお金を出して、若い人に勉強をしてもらうという感覚でした。だから、研修を勤務時間外に設定できたのです。でも、いまや勉強や研修が業務外という意識はありません。なので、勤務時間外に拘束されるのは理不尽だと主張します。それなら研修の時間を残業として扱ってほしいと言われるので、平日の勤務時間内での開催が絶対条件になりました。

そこまで配慮する企業が増える一方で、まだまだ〝ブラック企業〟はたくさんあります。

もちろん、働き方改革、ハラスメント問題が連日メディアで騒がれるようになったため、目に見えるブラックさはなくなっています。残業代を払わない、怒鳴りつける、セクハラなどの露骨なケースはかつてよりはずいぶんと減ってきていると思います。

しかし、全体同調を良しとする目に見えないブラックな部分はまだまだ多いのが現実です。

私は「2019ユーキャン新語・流行語大賞」に選ばれた「ONE TEAM（ワンチーム）」は素晴らしいフレーズだと思います。同年、ワールドカップで大活躍したラグビー日本代表のスローガンで、彼らの活躍ぶり、躍進ぶりは思い返すだけで胸が熱くなります。

しかしながら、スポーツの世界では異論のない価値観であっても、企業やビジネスの世界にそのまま応用できるわけではありません。「ウチの会社もワンチームでまとまるぞ」とリーダーが言い出した場合、ダイバーシティ（多様性）という価値観とは対極にある〝ブラックな環境〟を生み出すリスクもあるのです。

そもそも、ラグビー日本代表がたどり着いた「ＯＮＥ　ＴＥＡＭ」も、初めからスローガンありきのものではなかったといいます。ラグビー日本代表のメンバーは、ご存じのように出身国も違えば、考え方も習慣も一つではない、まさにダイバーシティの象徴のような集団です。そんな中で、何度も話し合いをし、違いを理解し、互いに歩み寄ることでたどり着いたのが「ＯＮＥ　ＴＥＡＭ」なのです。

そういったプロセスをいっさい省いて、言葉だけで「ＯＮＥ　ＴＥＡＭ」を強要したところで、いまの時代、真の意味でチーム（部署）がまとまるはずもないでしょう。

むしろ、私はこのご時世において、ワークライフバランスに反して、全体を一律に管理しようとする経営手法は、ブラック認定に属すると考えます。実際に、明白な法令違反はしていなくても、みんなと同じにしろと心理的に追い詰める、柔軟性のない規則の中で働きにくくして追い詰める、といった世界の潮流に逆行するグレーとも言える企業が増えています。

たとえば、９時から５時の定時フルタイム勤務のみで、フレックスタイム制度が認められなければ、子育てや介護をしている人にとってはグレーな職場です。従業員の個人個人の働く事情を認めず、みんなそうしているのだから、あなただけ特別待遇は許さないという価値観で、認めてもいいはずの個の事情を押し潰している。

コロナ下でもそうです。２０２０年４月上旬のアンケートでは、自宅などでテレワーク勤務ができるのは、わずか３割程度の企業でした。

すぐに一律にテレワークは無理であっても、社員の感染リスクを減らす方法はあるでしょう。たとえば、長時間の通勤は感染リスクが高まる。だから、遠距離通勤者から優先して自宅勤務に切り替える手もある。自宅にＰＣがないなら会社から支給すればいい。でも、一部の社員にだけそんな取り組みをすれば、必ず内部からクレームが出てきます。「なぜ彼らだけが特別待遇を受けるのか」と、現場からの風当たりが強くなります。

中高年の管理職世代は「若い社員は権利ばかり主張する。もっと愛社精神を強く持ってほしい」と言います。

でも、若手社員が愛社精神を自然に持つような、頑張りたくなる環境や待遇が整えられているかどうかも重要なのです。

若手社員の定着率を左右する「横の人間関係」

「先生、ご飯を食べに行きましょう」

少し前は週末の社会人向け講座のあと、よく若い受講生たちからそんな誘いを受けたものです。いまはめっきりありません。

あるいは、かつての学生は授業の手伝いをしてくれました。

たとえば、講義の最初にプリントを配る必要があったとします。その際、すぐに何人かの学生が教壇まで進み出て、私が抱えてきた段ボールからプリントの束を取り出し、前に座る学生に手渡してくれました。こちらから頼まなくても「先生、手伝いますよ」と買って出てくれたのです。講義のあとに「黒板を消しておきます」「スクリーンを片づけておきます」と言ってくれる学生がいました。

いまはたいてい私が孤軍奮闘です。

大量の資料を配布していても、講義のあとに黒板を消していても、誰も手伝ってはくれません。手伝う気持ちはあるのだけれど、みんなの前で声を上げられない学生も、なかにはいるかもしれません。いずれにせよ、教師が汗をかいて動いていてもスマホを操作しています。

いまの学生が気が利かないということではなく、教員や目上の人物という縦の人間関係に対しては、彼らは距離感を取る傾向があるということです。

かつては大学でも、サークルでもゼミでも、上級生がいて、下級生がいるという関係を自分たちで調整していました。あるいは、会社に入っても大学ＯＢとつながったり、仲のいい先輩と飲んだり、プライベートで一緒に遊んだりしました。

いまはそういう感覚がありません。かなり薄れてきています。

そのぶん、横の結束感には強いものを感じます。

ある清涼飲料メーカーで、こんなエピソードがあります。

その清涼飲料メーカーは多くの販売子会社を擁しているのですが、子会社によって新入社員の離職率が大きく違うというのです。

親会社はそこに着目しました。扱っている製品は同じです。給料や待遇が子会社によって違うわけではありません。にもかかわらず、子会社Ａは３年で50人の新入社員のうち20

人が辞めてしまう。一方、子会社Bは2人程度しか辞めません。

その差は何なのかを時間をかけてリサーチしました。

違いは、研修期間の密度の濃さでした。

A社は本社の大会議室で座学で缶詰めのような形式の研修を受けます。B社は1週間のリゾートホテルでの合宿形式でした。新入社員が研修を受けながら、寝食を共にする。

離職率の高いA社は同期の触れ合いの密度が薄い。しかも、A社の社長が開講スピーチのときだけ来て「コンプライアンスが大事だ。自立した社会人としての意識を強く持ってほしい」などと型通りの常識論、精神論をぶって帰っていきます。

いっぽう、B社は違います。合宿施設を訪れたB社の社長は、ホテルに到着するとまずジャケットを脱ぎ、ネクタイも外して登壇する。「みなさん、入社おめでとう。まず最初にみなさんに私の恥ずかしい新人時代の経験を聞いてもらいます」と、自分の新人時代の大失敗話をいくつも披露するというのです。夕食時もノンアルコールで続きを披露する。研修生たちは苦笑しながらも、社長に対する親近感を抱く。そんな密度の濃い時間を共に過ごすので、研修が終わる頃には、同期の仲間との距離もグッと縮まるというのです。しかもB社では3か月の研修期間中、ずっとカジュアルウェアでOKでした。

当然、強い結束力ができます。

だから、もし同期の誰かが1年も経たないうちに辞めたいと思っても、相談できる仲間がいるわけです。そこでみんなが「もう少し一緒に頑張ろうよ」と引き止めてくれる。そういう絆があるため、離職率に大きな差が生まれていたのではないか、と推測されるというのです。

目上の人間への対応や、目立つことは苦手でも、横の関係、仲間を思う気持ちは強く持っているということです。

あなたの職場に〝居心地のいい空間〟はあるか

試験が近づくと、講義後に学生が私のもとに質問に来ます。

教壇の私からはいつもおなじみの風景があります。質問者には、ほぼ必ず1人ないし2人の付き添いがいます。質問は「次の試験の範囲はどこまでですか?」というような内容です。

当然、付き添いの学生にも関係する質問です。では、質問者が尋ねて、私が答えている間、付き添いの学生は何をしていると思いますか？　ふつうに考えれば、黙って一緒に私の回答を聞いている以外は考えられないでしょう。

でも、違います。

付き添いの学生は、複数なら仲間同士で話したり、1人であればスマホを操作しているのがありふれた光景です。教師から半径2mの範囲にいてもおかまいなしです。当たり前のように繰り返されるので、もう気にならなくなりました。

彼らには、つねに「Ｃｏｍｆｏｒｔａｂｌｅ《カンファタブル》　ｚｏｎｅ《ゾーン》（居心地のいい空間）」に身を置いていたい気持ちの強さを感じます。

まさに友達と一緒にいる状態が、快適で安心できる「居心地のいい空間」です。

いまどきの若者はＳＮＳなどのデジタルな付き合いばかりで、人間関係が希薄だ、などと言う中高年がいます。でも私からすると、前述したように縦の人間関係が弱いだけだと思います。

彼らの横のつながりは非常に強いものがあります。

つねにＬＩＮＥやＴｗｉｔｔｅｒなどでつながっている。お互いがストレスにならずにいられるほどよい距離感、「カンファタブルゾーン」を求め、築いています。

自宅から近いという理由で大学を選んだ学生がいます。就職においても、名高い上場企業より、身近にある中堅飲食店チェーンを選んだ学生もいる。あるいは、内定をもらった大企業は地方転勤があるため、転勤のない地元の中小ベンチャー企業を選んだ学生もいます。

そこに自分にとっての「カンファタブルゾーン」があるかどうか。その基準が一番強いため、就職の際も知名度や会社の大きさ、給料の高さよりも重要視している学生が多いのです。

かつてのビジネスパーソンは「24時間働けますか」なんてCMが流行るぐらい、ワークに一元化された価値観を持っていました。もはや、そこに人生の軸を置く若い世代はまれでしょう。SNSがなかった頃の人間関係ともまったく違います。

緩やかだけど、横のつながりを保ち、みんなではみ出さないように、微妙な調整を取っていく集団なのです。広く浅いだけの関係に見えながら、しっかりとお互いを支え合い、助け合っている。

たしかに無二の親友や、最愛の恋人は生まれにくい絆かもしれません。それでも、ワークライフバランスの中の「ワーク」、すなわち会社至上主義の人生とは違う現代のコミュニティです。いまの中高年の管理職世代は会社に重きを置くからこそ、プライベートでも縦の人間関係が深く関わってきただけなのです。

その違いを理解せずに「いまの若いやつらは頼りない」「飲みに誘っても、ちっともついてこない」とグチを言っているようだと、若手社員との意識の溝がいつまでも埋まらず、彼らの力を引き出すのが難しくなってしまうのです。

第2章

できる上司ほど「強要」しない

——若手を追い込む「同調圧力」

自分の意見をハッキリ言いたくないのはなぜ?

私は大学で20年間近く教えてきました。自ら起業した会社の社長をやりながら非常勤や客員教授として13年ほど、その後は常勤の教授として6年、教壇に立っています。

私の授業はけっこうな人数が集まります。200人を超える講座もいくつかあります。そのくらい私の授業は人気がある、と言いたいところですが、学生が集まる大きな理由は、講義というより、学生のグループ議論の時間が多いアクティブラーニングにありそうです。

大学の講義というと、毎年同じ内容のプリントを配って、教授がひたすらしゃべって板書をし続ける。プリントに沿った期末試験を行い成績がつけられる。そんなイメージではないでしょうか。

でも、私の授業は違います。私は企業などが判断に迷ったような実例からテーマを決めて、その背景と前提条件を説明し、その後は学生たちにグループディスカッションをしてもらいます。みんなでロールプレーイングゲームのように話し合いができることは、彼らには刺激的なようです。そして、最終的にはグループのリーダーが結論を発表する。授業に参加している意識が全員に生まれるため、とても生き生きしています。

とはいえ、私の担当科目の中にも、理論や知識を身につけてもらわなくてはならない講義もあります。その場合はグループディスカッションの時間は取れず、一人ひとりで考えてもらい、学生に意見や質問を言ってもらう場面を作ります。

たとえば、「みんながこの会社の経営者になったと想定して、この資金繰りの切迫事態で、思いつく経理や財務上での対策を考えてほしい」と投げかける。

マイクは3本あるため、1本は私が使いますが、あとの2本は学生に回します。たとえば、席の一番端っこ同士の2人にジャンケンしてもらって、負けたほうから順番にマイクをジグザグに回していくなどの形式を取ります。

ところが、あれだけグループディスカッションの授業では笑顔で話していた学生たちが、みんなの前で1人の意見を言わなければならない状況になると、マイクを渡されても、しゃべらなくなるのです。

「私にはわかりません」

「まだ考えつきません」

そんなふうに実質的に回答を拒否して、次の人に即座にマイクを渡してしまう。いわゆる〝スルー〟をするのです。意見を言う学生は1、2割に過ぎません。

では、本当に何も考えつかないのかと思い、失望しつつ、授業のあとに一対一で話してみると、しっかり理解していたことがわかるのです。

つまり、彼らは周囲に大勢の人がいる授業では「私はこう思います」と自己主張するのがストレスで嫌なのです。グループディスカッションは4人程度の少人数なので、自分が際立つわけではない。リーダーもみんなの意見をまとめて発表するから、ことさら個人として目立つわけではありません。

ひとりの個人として、授業でみんなの前で意見を言って目立つことをよしとしないのです。

同様に、彼らは授業中にあまり質問をしません。

これは学生だけでなく、企業や官庁などの研修における新入社員も同じです。

私は話し始める前に「講義中でも、疑問があれば挙手で遠慮なく質問をしてください」と言っています。これはアメリカでは当たり前の風景ですが、まず手を挙げる生徒はいません。

講義や研修が終了した際、「それでは質疑応答に移ります。何か質問はありますか」と振っても、たいていシーンと静まり返っています。これは霞が関の官庁での新人職員研修でも同様です。彼（彼女）らのような、筆記試験では日本でもトップに近い高得点を取る人たちですらそうなのです。

アメリカの大学院で私が勉強していたときは、教員が教室に入ってくると、まず学生が手を挙げるのが当たり前でした。中国の大学院で教えたときも同じです。学生は先週の授業に対する質問や意見を言う。教員を交えて、ひと通りディスカッションをし、落ち着いてから、その日の授業がやっと始まります。

アメリカは自己主張することで評価を得られる。だから、自己アピールがすごい。「いまさらそんな初歩的なことを聞くか」と呆《あき》れるような質問も堂々とする。でも、当人は周りの目などまったく気にせず、納得するまで食い下がり聞き続ける。周囲も咎《とが》めたりしません。それだけ質問が重視されているのです。大学の教員も、学生からの評判につながることもあり、質問に個別に答える時間をじっくり長く取っている。

ひるがえって、日本の学生はとにかく質問をしません。公然とは自分の意見を言わない。私が大学で教鞭を執り始めた20年近く前でも、もともと日本の学生は質問が少なかったのですが、その傾向は近年ますます高まっています。

でも、いまの学生は昔の学生より勉強しています。アルバイトの比率も昔より高く、その意味では苦労しながらの勉強です。優秀な学生、目立たないが頼りになる学生がたくさんいる。目立つことのリスクを冒したくないために、集団の中では個人の気配を抑えているだけなのです。

ただ、「能ある鷹は爪を隠す」は、海外では「考えてない」と誤解されてしまうことになるのですが。

LINE、Twitterはやるけど Facebookはやらない理由

SNSは若い世代にとって必須と思われるかもしれませんが、じつはツールによって温度差があります。Twitterやインスタグラム、そしてLINEはさかんに使います。

しかし中高年がよく使うFacebookはそうでもありません。

極論を恐れずに言うと、若い人はFacebookをやらないのです。

意外に思う人も多いでしょう。

もちろん、Ｆａｃｅｂｏｏｋのアカウントは多くの学生が作ります。でも、そのまま放置して、ほとんど稼働させない人ばかりです。やはり、実名登録が大きなネックなのです。よくモラルに反する投稿をした就活生がＦａｃｅｂｏｏｋを突き止められ、過去の投稿までネットにさらされるケースがあります。

Ｆａｃｅｂｏｏｋにはそのリスクがあるので、ＴｗｉｔｔｅｒやＬＩＮＥを中心にコミュニケーションを取るほうが安心感があるのです。

実際、就活で人事担当者は必ずＦａｃｅｂｏｏｋをチェックします。そのためＦａｃｅｂｏｏｋをアクティブに活用している学生であっても、私生活や本音を全部さらけ出しはしません。

いっぽう、中高年にはＦａｃｅｂｏｏｋの利用者が多く、私の同級生でもたいていはアカウントがあります。

とくにオジサン世代はリアルな私生活を屈託もなく披露している投稿が少なくない。

私の知人を例に出せば、海外出張するたびにミシュランの有名店で食べたとか、ミュージカルを観てきた、万里の長城に行ったなどという記事を写真付きで次々と投稿します。

少しは自慢めいた気持ちなのかと思いきや、そうでもないようです。会って話を聞くと、〝リア充（現実の生活が充実している人）〟を自己追認しようとしているだけで、そのベースには晩年期に入っていく不安心理もあるようです。

しかし、若い世代にとってはそんなことは煩わしく、冷めた視線を送られる行為です。10人に1人は「すごいです」と言いますが、大多数は「それがどうしたの?」と冷ややかな反応を見せるでしょう。高級なモノや体験を披露しようとするのは、ｄｏｉｎｇの世界なのです。彼らとは真逆の価値観なのです。

同様に、Ｆａｃｅｂｏｏｋにおいて、あるいは、経営者の講演などでも「俺たちの時代は……」タイプの自慢話や苦労話を書くのも、若い世代からすれば距離を置かれる行為です。

「昔は2千人の部下をマネジメントしていた」「海外5か国に勤務した」などはたしかに事実なのでしょうが、聞かされる若い人はシラーッとしてしまう。

あるいは「10回断られたけど、粘って11回目に商談を成立させた」なんてコスパの悪い努力論、精神論はナンセンスに映っているかもしれません。語っている本人にとってはリアルなかけがえのない体験であっても、そもそも若い世代にフェイス・トゥ・フェイスで10回も商談すること自体が想像できません。

経済が上り調子で、飛ぶ鳥を落とす勢いがあった頃の日本企業の看板があっての成功例を、自分自身の手柄と思い込んでいる可能性もありそうです。

物心ついたときから情報が氾濫する社会で育ち、仕事や人生に対する価値観が多様化している彼らにとっては、一つの正解を強い口調で断言されても、素直に受け入れられません。仕事のやり方はこれが正しいとハッキリ言い切ること自体が「それって本当なの？」と疑問が湧いてくるはずです。「自分はこうやってうまくいったけど、それは応用が利かないかもしれない」という冷静な別角度の視点が必要になるのです。

そのズレを理解せずに嘆くだけでは、いつまでたっても溝は埋まらないままでしょう。

遅刻を注意されたら退職した若手社員の本音

最近も研修の休憩中にアイスを食べていた新人を強く注意した講師がいた、というネットの記事がありました。勤務中なら缶コーヒーぐらいにとどめておくべきで、アイスとは何事だという論理です。新入社員はその場でも「おやつをとるのがいけないのですか」と反論したようです。後日談として、その講師は人事部から呼び出しを受けたとのことでした。

この話を読んで、私は自分の体験を思い出しました。それは海外でのマーケティング関連の企業研修だったのですが、外部の専門講師が毎日、アイスの差し入れをしてくれたのです。講義の内容も有益で、いまでもそのアメリカ人講師の顔が思い浮かびます。

アイスを注意した講師からすれば、研修中にスマホをイジったり、居眠りをする新人が目についてきたので、気を引き締めるためにガツンと言ったのかもしれません。私も気の毒に感じる面もありますが、昔の感覚で強く叱責すると、時にベテラン講師でも一大事になります。

たとえば、遅刻が厳禁なのは、いまも昔も変わらない価値観です。それでも、言い方には配慮が必要です。「社会に出たら、遅刻をした時点で終わりだぞ！」なんて脅すような言い方はＮＧです。ましてや、遅刻した若手社員をその場で叱責するにはよほどの配慮が必要でしょう。

ある大手家電メーカーの新人研修の例を紹介します。

外部の講師を呼ばずに、海外留学の経験もある若手の有望株に新人研修を任せました。初日、2日目と何事もなく過ぎましたが、3日目のある講義の際に、ひとりの新人が遅刻をしてきました。みんなが着座している中、遅れて入ってきた彼に対して、講師はその場でつい叱責してしまったのです。といっても、怒鳴ったりはしていません。「遅刻はダメだぞ。次から遅刻はしないように」程度の注意だそうです。

それでも、結果として〝人前で注意された〟新人は会社を辞めてしまったというのです。「遅刻するなんて気が緩んでるぞ」などのようにつるし上げたわけではありません。たとえ言い方はソフトであっても、周囲に同じ仲間がいる前で注意したのは講師の悪手《あくしゅ》でした。その場は何事もなかったようにふるまって、講義後に個人的に彼にひと言伝えるぐらいの配慮をしないと、繊細な彼らの心は傷ついてしまいます。

前に、講義中に意見を求めても「意見はありません」「わかりません」とマイクを次々〝スルー〟される話をしました。

とにかく、周りから浮いたり、目立つようなことをするのを嫌がるのです。悪い目立ち方でなくても、素晴らしい内容を発言する機会さえ避けたがります。出る杭になる状態はとにかく避けたい。

とくに新人研修中は、まだ同期との関係性を築いている最中です。ただでさえ不安とストレスを抱えている状態で、周囲から浮き上がらされると、メンタルが耐えられなくなってしまう場合もあるのです。

飲み会、社内イベント……できれば幹事はやりたくない

いっぽうで、いまの若い世代が自分の意思を主張する場面もあります。

たとえば、飲み会や合宿の幹事については明確に嫌がるのです。

ある学生に幹事を任せたいと思って、私が水を向けても、たいてい「勘弁してください」「嫌です」とハッキリ言います。

私は、学生が自らゼミ合宿で箱根や軽井沢など旅館に宿泊するプログラムを作ったり、温泉やレクリエーション施設を探したりする経験が勉強になると思っています。

しかし、彼らの答えはだいたい同じです。

「もし私が幹事を任されても、参加者全員を満足させられる自信がない」

と返してきます。それでも再度、

「失敗してもいいから。キミたちの好きなようにやってごらん」

と促しても、翻意して承諾してくれることはまずありません。

よくよく理由を尋ねてみると、とにかく参加者の反応を恐れています。情報化社会なので、もっといい宿泊場所があった、もっといいルートがあった、なんてダメ出しをされるかもしれない。失敗の評価を、仲間から下されることが嫌なのです。

それはあながち杞憂《きゆう》とも言い切れません。

実例として、これも知人から聞いた話です。

知人の会社が新人合宿をある温泉でやったそうです。その際、1人の男性社員が率先して幹事になって取り仕切りました。参加した社員たちは着いた瞬間に「えっ、こんなところに泊まるのか」と感じる旅館だったそうです。サービスも風呂も料理も満足のいくレベルではなかったというのです。

しかし、1人として幹事に直接、文句を言う人はいなかったそうです。ただ、SNSにはこっそり「ありえない」「クーポンを使えばいいのに」などと不満を書き込んだ社員がいたようです。

旅館や飲食店は、簡単にネット比較できるため、選択での失敗も見えやすい。ただ、実際には、同価格帯ならほかの旅館も似たり寄ったりだったはずです。ネットの広告ではよく見えても、実際には行ってみないとわからないもの。そのため、幹事が参加者全員を100％満足させるのは最初から無理だということは誰だってわかります。

そうなるとリーダーや幹事は貧乏くじを引くことも多く、それが直感的にわかるいまの若い人たちが及び腰になる気持ちもわからなくはないのです。

海外勤務、転勤にはキッパリNOを言う若手社員が増えている

会社の場合、転勤に関しては、ハッキリNOと言う人がいます。

かつて海外転勤なども管理職への登竜門でした。しかも、転勤先は欧米などが多く、そこで何年か過ごして帰国すれば、出世コースが待っているのが慣例でした。

でも、いまは「海外勤務は考えさせてください」と結構な割合の若手が答えます。最終的に断るケースも少なくないようです。赴任先も欧米は少なくなって、衛生事情が良くな

い赴任地が増えていますし、共働きがほとんどの時代では配偶者も大きな決断を迫られます。子育てや高齢の親の介護を抱えている人にとっても簡単に首を縦に振れない話でしょう。

かつては、海外勤務するためにはTOEICで750点以上などの厳しい規定がありました。断る人が増えたいまでは、そんな高いハードルを設けている余裕はありません。会社によっては基準を半分近くまで下げたり、あるいは英語力不問を掲げる大企業もあります。

転勤を打診して断られた中高年の上司にしてみれば「あいつは部長候補だから箔《はく》をつけてやろうと思っていたのに、どういうつもりだ」と憤慨してしまう。でも、いまや部長候補になることが、彼らが考えているキャリアパスとは限りません。

出世に興味がないビジネスパーソンからすれば、勝手のわからない海外生活にリスクと不安を抱えるのも無理のない話です。

ですから、私は一概に若手社員の海外勤務離れを非難する気にはなりません。実際、英語力があって現地でコミュニケーションが取れるマネージャー候補の優秀な若手でも、耐え切れずに途中帰国する人が少なからずいるようです。

10年近く前になりますが、中国への赴任後にうつやアルコール依存になるケースが増え、企業の人事部からその実態や対策の調査を依頼されて、私も中国やインドに出張したことが何度かありました。話題の武漢でもＪＥＴＲＯ（日本貿易振興機構）の依頼でうつ予防に関して講演会の講師をしたこともあります。現在はひどくイメージが悪化した武漢ですが、私の印象としては近代都市、学園都市で、緑と湖沼の美しい町並みが多く、好印象があります。仕事で視察した武漢市にある湖北省の衛生対策設備も近代的でした。ただ、これからは喜んで武漢に赴任していく人はいないかもしれません。

海外勤務どころか、昇進自体を嫌がる若手社員もいまではふつうにいます。

官公庁でさえ、優秀な若い職員たちが昇任試験を受けなくなっているようです。彼らは課長、部長、局長になっても報われないと感じているのかもしれません。

いまや出世しなくても、結婚して夫婦で（あるいは結婚せずとも生活のパートナーと）共働きすれば、生活にそれほど不自由はしません。むしろ、海外転勤したり、管理職になったらワークライフバランスがおかしくなるかもしれないのです。

ハーバード大学のＭＢＡホルダーたちがキャリアマネジメントの中で一番重要視してい

るのは、いまやワークライフバランスです。そしてそれは日本のかつての管理職たちの意識の外にあった価値観のはずです。

YES、NOを言いたがらない若い彼らが口にするNOには、相応の重みがあるように思います。

若手社員にとって職場の飲み会とは

酒好きが多い中高年管理職の世代は、最近の若手社員はお酒を飲まない、かりに飲みに行っても一次会でさっさと帰ってしまうとよく不満をこぼします。

かつてなら新人は最後まで付き合うのが当たり前のことと受け止められていました。私もご多分にもれず、若いビジネスパーソン時代は一次会で帰った記憶がありません。でも、いまや二次会、三次会まで疑問なくついてくる若手社員は、アルコール依存の予備軍でもなければ少数派のはずです。

多くの若手にとって、職場での飲み会は自分の中でどう位置付けたらいいかわからない時間のようです。仕事の延長でもないし、プライベートでもない、中途半端な場と時間だからです。

しかも、アルコールによって言動もアンバランスになり、ふだんとは違うコミュニケーションを取らなければなりません。ただでさえ苦手な縦の人間関係の中で、彼らにとって居心地の悪い場に感じるのも無理はないでしょう。

中高年の管理職世代にとっては、仕事のときとは違うコミュニケーションが取れることを期待して飲み会、社内コンパを開いてきました。職場ではできない話題を気兼ねなく話せる場として活用してきたのです。企業によっては社内コンパをトップも重視しており、会社経費でかなりの金額を充当しているケースもあります。

社内コンパでは「キミのお父さんは何をしている人なの？」「農家です」「へえ、何を作ってるの？」と仕事とは関係ない話題で盛り上がる。胸襟《きょうきん》を開くとはよく言ったもので、それによってお互いをより深く知り、関係性も深められました。

ところが、聞く側に悪意はなかったとしても、家族関係の質問は、いまの若い世代はプライバシーに踏み込まれていると警戒します。企業も学校も、彼らのプライバシーを詮索するなと言われる時代です。

そうなると、食事会でも飲み会でも、話す話題は限られてしまいます。その結果、仕事の延長のような会話をするなら、若手にとっては苦痛以外の何ものでもありません。「飲み会に残業代は出ますか?」という言葉が出るのも無理はないのです。

社会全体の〝この変化〟に気づけている上司は生き残れる

序章で若者を理解するキーワードとして「ｄｏｉｎｇ（形のあるもの）よりも、ｂｅｉｎｇ（形のないもの）を重視する」を挙げました。

じつはいま、中国がｄｏｉｎｇの価値観のまっただ中にいます。

私の知り合いの富裕層の中国人は、堂々と「車は大きくないとみっともない」と言います。いまの中国では小さい車に乗っているとバカにされるようです。まだ外見の立派さが求められるんですね。次々と建てられる巨大なビル群を見ると、まさにｄｏｉｎｇの世界です。

私は中国に行くたびに「かつての日本の風景」と重ねてしまいます。

バブル華やかりし頃の日本では、黒塗りのプレジデントに乗ることで威厳を演出する経営者がいました。銀座に行って高級寿司屋で寿司をつまみ、高級クラブで高い酒を飲んだり、接客してもらうことがステータスでした。いまやそれをステータス、特権と言えば失笑を買う時代になっていますが、いまだにそう思っている人もいるでしょう。

そういったｄｏｉｎｇのゴージャスさに憧れる学生は、いまはまずいません。散財したり、高価なモノを所有したりしなくても、彼らは楽しめます。ｂｅｉｎｇに価値を置くならば、飲む場所にこだわらず、チェーン店の居酒屋でも、野外でも、リモートでも、自分の家であっても自然体で楽しめます。

繰り返しますが、スマホ1台あれば、楽しめることが身近にいっぱいあるという世代です。

ｄｏｉｎｇからｂｅｉｎｇへ。この傾向はじつは彼らに限りません。中高年にも広がっています。

私も外資系企業での管理職時代には、マイカーは外国車にこだわり、ポルシェ・カレラなどの高級スポーツカーを無理して所有していました。たまにその車で客員教授をしていた大学に行くと、車好きの学生たちが「先生、見せて」「シートに座らせてくださいよ」と言ってきたものでした。

ところが、いまや高級車やスポーツカーに興味を示す学生は本当に少なくなっています。

それどころか、高い車に乗っていると、むしろカッコ悪いという視線すら感じます。

いかに高性能であっても彼らが憧れる対象にはなりません。これはアメリカでも同じで、いま人気があるのはガソリンを使わないクリーンカーです。

私自身も次第に、当時の外資系管理職たち特有の出世競争に嫌気が差し、ｂｅｉｎｇに価値を置くようになっていきました。丸の内のオフィスで与えられた専用個室なども煩わしくなり、ポルシェなどの高級車は売り払ってしまいました。この数年は燃費が良く、安全性テストでは最高ランクを獲得しているような車を乗り継いでいます。

この価値観の変化は、日本のみならず、世界全体に浸透しつつあると感じます。街中を走る車を見渡しても、ミニバンや軽自動車が主流になっています。大きな高級車やスポーツカーを乗り回すことを、多くの若者が憧れる時代ではなくなったと言えるでしょう。

そんな世界の中でも、中国は例外かもしれません。前述したように、企業社会で成功した知人たちは例外なく大きく高価なマンションに住み、高級車に乗っています。ただ、中国の学生たちと議論すると、その傾向はぐっと影を潜め、日本の学生たちとそれほど大差がない印象です。

いずれにしても、社会が一定程度の成熟を迎えると、それ以上の外面的な成長よりも、内面の充実を求める方向にシフトしていくのが自然の流れなのだと思います。

若い世代だけではなく、世の中は緩やかにｄｏｉｎｇからｂｅｉｎｇの世界に移行していきます。ここに企業の管理職や経営層が気づき、企業の戦略にもっと反映させてほしいと思っています。

第3章

人が伸びる職場のコミュニケーション

——カドを立てずにNOを言えるビジネスパーソンになる

NOを言っても人間関係が悪くならない人とは

ここまで、自分の意見をハッキリ言えない若い世代が増えている例を紹介してきました。

しかし、もともと日本人自体が自己主張が苦手な民族です。出る杭は打たれる、の格言もあります。夏目漱石の『草枕』の冒頭の言葉「智に働けば角が立つ。情に棹《さお》させば流される。意地を通せば窮屈だ。とかくに人の世は住みにくい」は、現代でもそのまま通じる名言でしょう。

大学ではコミュニケーション理論を教える私自身も、若い頃は自分の意見をハッキリ言うのが苦手な営業マンでした。

NOを言う、相手の意に反することを伝えるなど、言いづらいことを上司や取引先に言う場合はなおさらです。

だからこそ、同じ悩みを持つ人の気持ちがわかります。

もし、キッパリ断ったことで上司や同僚との関係が悪化してしまったら……？　取引先に嫌われてしまったら……？　若い頃の私は、そんな不安を抱えたまま仕事をしていた面がありました。

ただ、そんな意識を変える出来事がありました。

ある外資系企業に在籍当時、私は営業部門にいたのですが、当時は本当によく取引先と飲み会がありました。当時の営業であれば誰でも経験していると思うのですが、酒癖の悪い取引先や上司がいました。いまでは死語になりましたが、酒乱です。「俺の酒を飲め」と注いだ酒を営業担当者や部下に飲ませて、その後「ご返杯をどうぞ」とお酌を返すやりとりを半ば強要していたのです。武将や義兄弟の〝固めの杯《さかずき》〟のような儀式が好きだったのです。

いまなら完全なパワハラ、アルハラ案件ですが、当時は珍しくない光景で、中高年世代で営業の経験のある人なら、うなずきながら苦笑するのではないでしょうか。

そんなある飲み会で、1人の若手社員が取引先の役員に差し出された日本酒の杯に「私は嫌です」と答えました。「私はそういう飲み方は好きではありません」とキッパリ断ったのです。周囲は一瞬で凍り付きました。一番驚いたのは彼の上司かもしれません。

その取引先の役員は目をむいたまま、真っ赤になり言葉が出ませんでした。その場はなんとか周囲の上役たちが収めたのですが、ひどく気まずい雰囲気になり、ほどなくお開きとなりました。

ところが、です。翌日の朝、素面《しらふ》になったその取引先の役員から、お詫びの電話が入ったのです。その若手社員の上司も、彼をとがめるようなことは何も言いませんでした。

後日談となりますが、その後、彼は異例のスピードで出世していきます。フェアな評価を重視する外資系企業だったことも大きいでしょう。私にとっても、適切に自己主張のできる人がやはり長期的には実力を発揮できることを学んだ経験でした。

取引先の役員も、いまの時代であればその場でアウトのパワハラ案件ですが、その後の対応としては、大人の取るべき態度を取ったのです。

もちろん、現代でも飲み会で恥をかかされたと根に持つ上司もいるでしょう。何でもかんでも上司や取引先にハッキリ言えばいいというわけではありません。

ただ、先の酒好きの取引先役員に対して、当時の私も含めて多くの同僚たちは、いたずらに恐れるだけで誰も意見を言おうとしなかった。気の進まない酒でも付き合わないと仕事に悪影響が出ると勝手に恐れていたわけです。

このときに私が学んだ「NOだけでは人間関係は悪化しない」という経験は、時代を超えて、日本人の誰もが知っておきたいメッセージなのだと感じています。

私がYES・NOをハッキリ言えるようになったきっかけ

さらに、もう一つ、私の気持ちに変化を起こさせる出来事がありました。

アメリカ駐在が決まったことです。大きく環境が変わりました。

付き合う相手もアメリカ人ばかりです。あちらではYES・NOをハッキリ意思表示する必要があります。日本語ではYES・NOをハッキリ言うのが大の苦手な私も、英語でそれを言わざるをえない日々を過ごしていると、いつの間にか英語であれば無理なく言えるようになるものです。そして、そのことは日々のストレスをかなり減らしてくれることにつながりました。ダメなもの、嫌なことに関しては、英語でなら最初にNOと言えば済むからです。

それからの私は、中国やアメリカなど海外に行くと、声も大きくなり、NOを言える別の人格の自分に元気をもらい、意気揚々と海外から帰ってくるようになりました。ただ、日本に帰り、日本語の世界に戻ると、いつの間にかまたYES・NOがハッキリ言えない自分に戻っている。そんな状況が外資系企業に勤務時代はずっと続きました。

そんな生活を続けていく中で「なぜ海外のビジネスパーソンは自分の意見をハッキリ言っても、人間関係が壊れることを恐れないのか」と何度も考えたのを覚えています。クロスカルチャーに関する本もずいぶん読みましたが、ビジネスの現場を知らない学者の本からはピンとくるものはありませんでした。

そして、その自問自答の答えは意外なほどシンプルでした。

彼らは、交渉と人間関係とはまったく別ものとしてとらえているのです。

ビジネスにおける交渉は、あくまで仕事です。成功すれば報酬や昇格につながり、失敗したら評価が下がります。その成果が自分や会社の利益に関係していても、その人の人間性や人間関係には直接つながらない。ただそれだけのことに過ぎません。

ＮＯと言おうが、ＹＥＳと答えようが、その場の仕事上の話で完結します。その後の人間関係とはリンクしない世界です。

私は3回ほどアメリカのビジネスパーソンと「ふざけるな」と机を叩くぐらいの喧嘩をしたことがあります。

ところが、その口論が終わったあと、数日もすると相手は笑顔で近づいてきて仲直りのシェイクハンドをし、私を以前より信頼してくれるようになりました。日本であれば、私もウェットに引きずっていたはずです。「そちらとは取引できませんね」と縁がスッパリ切れていたかもしれません。

でも、欧米ではビジネスのやりとりだけで人間関係は壊れないのです。NOを言うことを含めて、真剣な交渉がいかに大事かがわかりました。

それは中国人でも同じで、交渉に失敗してビジネス上は喧嘩別れしたのに、後にとても関係が良くなり、いまでも親友のような付き合いをしている中国人が2人います。

アサーティブな態度で自分の意見を言う

日本のビジネス風土では、交渉と人間関係が密接にリンクしていることが多いので、ややこしくなります。どんなに正論であっても、若手社員が部長に楯突《たて》いたり、反論したりしてしまったら、大騒ぎになってしまいがちです。

ただ、日本でも、周囲が過敏になっているだけでじつはそれほどでもないケースがあることを私のケースでお話ししたいと思います。

ある企業に勤務していたときのこと。私は十数人の部下をマネジメントしていました。

ある夏の日、お盆を過ぎた頃です。部下の女性が深刻な顔つきで話があるというのです。私はとっさに「退職の相談だな」と身構えました。すると、

「みなさんが忙しいときに、私は2週間もお休みいただいてすみませんでした。申し訳なくて反省しています」

と言うのです。そう言われた私は一瞬キョトンとしたほどです。まず、彼女が2週間も休みを取ったことを知りませんでした。正直なところ、私は部下が何日休みを取ったかについて、数えることなどしませんし、仕事に支障をきたさない限り、まったく気にしていませんでした。だから、彼女も自分の権利である休暇を取ったことについて気に病むのは、取り越し苦労だったわけです。

もちろん世の中にはそうは取らない、細かくて意地悪な上司もいます。

かりに「この忙しい時期に2週間も休んだら、周りに迷惑がかかるだろ！」と怒る上司であれば、どうしたらいいでしょうか？

「アサーション」と呼ばれるコミュニケーション術があります。もともとはアメリカで差別や対人関係に悩む人のための心理療法として開発されたものですが、いまでは広くビジ

ネスの現場にも取り入れられているコミュニケーションスキルの一つです。

アサーションとは、言ってみれば「さわやかな自己主張」「適切な自己主張」といった意味で、自分も相手も尊重しながら自己主張ができるようになることを目指すもの。この「お互いを尊重する」というのがポイントです。

つまり、自分の都合だけを一方的に主張するのではなく、逆に、相手（上司）に遠慮して自分の言いたいことを我慢するのでもなく、「自分のことを考えるが、相手のことも配慮する」を大前提に置いて、自己主張していくのです。

先の2週間の休暇の例で言うと、もし心配型の上司だとして、その上司が持つであろう不安（担当している仕事は2週間の休みを取っても大丈夫なのか、休みの間の取引先対応はどうするのか、など）にしっかり配慮していることを示したうえで、自分の主張（2週間の夏休みをしっかり取ってリフレッシュする）を伝えるようにする、ということです。

アサーティブな態度で意見が言えるようになると、上司は安心できますし、少しくらい自分を主張したところで人間関係に影響が出ることもなくなるのです。

自分の上司が何に対して心配しやすいのか、不満を抱えやすいのかは、一定期間、一緒に仕事をしていれば部下からも見えてくるはずです。

それさえも伝えるすきもないような細かい管理型の上司であれば、極端な話、転職したほうがいいかもしれません。我慢しているうちにうつ病になり、休職や退職につながってしまうケースを私は多く知っているからです。

ハラスメントを恐れてダメ出しできない上司たち

ところで、令和日本のビジネスシーンでは、日本人の特質とは別の意味で、NOを言えない中高年の管理職が急増しています。

それは、ハラスメントを恐れ、すべてにおいてマイルドに対応しすぎ、〝事なかれ主義〟となってしまっている管理職です。

すでに平成の時代から法令化され、大企業だけでなく中小企業でも取り組むようになったハラスメント対策自体は重要な問題です。私自身、ハラスメント研修の講師として、多くの企業、官公庁の管理職の前で啓発に努めてきました。

日本のハラスメント規制法や働き方改革は、じつは世界でも先進的なものです。それだけコンプライアンスが厳しくなっています。

私の研修後には、参加者は一様に「怖い時代になったな」「怒鳴っただけでパワハラって言われるのか」と戦々恐々としています。

実際、彼らは「月に3～4日ほど10時まで残業してくれ」と命じただけで、若手社員から「ウチの会社はブラックだ」「パワハラ上司だよ」といった不満が出ると嘆いています。

若手社員の全員がそう思うわけではありませんが、10年前なら10人に1人もそんな発言をしなかったのに、いまでは当たり前のように言われてしまう。その現状を知っている管理職は研修を受けた結果、法的にも部下の言い分のほうに分《ぶ》があるとわかってショックを受けるのです。「若い社員は当てにせず、自分でやったほうがラクだ」と考え、仕事を自分で抱え込んだり、若手を育てることを放棄する管理職が増えてしまうことにもなります。

でも、それでは何の解決にもなりません。

若手社員に反発されることを恐れるあまり、彼らの成長を導けずに、自分もストレスをため込むのは最悪です。

組織・チームで仕事をしている以上、若手社員・部下に反発されることを覚悟で言わなければならない場面はあるものです。

時代は変わっても、ビジネスの現場では、彼らのために愛情を持って叱らないといけない場面だってあります。

仕事を通して次に続く人たちの成長を促すことは管理職の義務です。

部下に立派なビジネスパーソンに成長してもらうため、時に少し上の厳しい仕事を与えるのも大事なことです。頑張って背伸びをすれば、彼らが伸ばした手が届くような目標を与え続ける必要もあります。

ハラスメントに過剰反応して、部下の仕事ぶりや成果物にきちんと注意できず、自分で後始末を背負い込んでいる残念な上司の姿からは、決して未来ある職場の姿は想像できません。

逆に「そんなの関係ねえ。俺は昔ながらのやり方でいくぞ」と時代錯誤の指導の仕方をして、失敗している中高年もいまだに少なくありません。文字通りのパワハラになってしまっては本末転倒です。もっとも、そんな発言をするような管理職は、人事総務がパワハラ研修を企画しても、何だかんだ理由をつけて参加をすっぽかすのが常套《じょうとう》手段です。

たしかに、いまの時代、若手部下を指導し、育てていくのは、バランス感覚がすごく難しい問題です。

かく言う私も非常に気を使っています。学生からいろいろ要望がある中で、ダメ出しをする場面でも、即座にNOと返したりはしません。

いまの「NOを言えない」繊細な若い人たちは、見方を変えれば「NOを言われ慣れていない」人たちでもあるからです。

ですから、言葉の加減を間違えると、即座に両者の関係がギクシャクします。下手をすると、職場なら離職に至るケースもあるでしょう。若手社員を傷つけずに上手なものの言い方をする必要があります。

そのためには、繰り返し解説してきた、若い世代の「不安」「同調」「being」の心理をまずは理解してください。

そのうえで、繊細な彼らはストレス耐性が強くない人が多い。つまり心が折れやすいということも踏まえておきましょう。

また、これまでも述べてきたように、横並びの状態で安心する傾向があります。でも、自己効力感は決して低くありません。つまり、うまく力を発揮できる環境や状況を得られれば、自分はそれなりの成果を上げられる、という自信も持っています。それを前提に言葉を選ぶようにするのが基本です。

そこで、「カドを立てずに自分の考えを伝える方法」「上手にダメ出ししたり、NOを言う方法」をシチュエーション別に解説します。

うまくNOを言える人をひと言で表すなら「次につなげるNOを言える人」です。

あなたの周りにも、相手が繊細な部下であれ、やっかいな上司であれ、大切な取引先であれ、言うべきときに言うべきことを伝えているのに、その後の人間関係に影響が出ない人がいるのではないでしょうか。

そういった人たちは、何に気を配り、どういう伝え方をしているのか。

そんなコミュニケーションのコツを紹介していきます。

言いにくいことを伝えるときには「かりてきたねこ」

ビジネスであれプライベートであれ、相手の意向に沿わない意見を言う行為は、誰にとっても気が重いものです。

相手に対して、こちらがネガティブな反応を示す以上、どうしてもその後の影響が気になります。

そこで、シチュエーションや相手別に、できるだけ丁寧に、誠実に自分の意見を伝える言い方を紹介していきたいと思います。

その前提として、どのような状況、どのような相手であっても意識してほしい「共通のポイント」があります。

つねに「かりてきたねこ」を意識する、ということです。

「かりてきたねこ」とは、パワハラ防止対策や、組織のコミュニケーション改善の研修などをする際に必ず伝えている私の造語です。多くの研修講師たちにも引用されています。

部下を叱り、自分の意見をしっかり伝え、パワハラの誤解を回避するうえで欠かせない心得だと考えています。具体的には、

か――感情的にならない
り――理由をきちんと話す
て――手短に済ませる
き――キャラクター（性格や人格、外見や言動の特徴）には触れない
た――他人と比較しない

ね——根に持たない
こ——個別に伝える

という、7つのポイントの頭文字を取ったものです。

相手に伝える前に、このポイントをチェックしておけば、何を伝えるにしても、無用な対立感情を生まず、すんなり受け入れてもらえる可能性が高まります。とくに、言い方次第で人間関係がこじれてしまいがちな「NO」に対して、リスクを軽減する効果があるのです。

では、一つずつ解説したいと思います。

・「か」感情的にならない

これはNOを言う場合に限らず、あらゆるシチュエーションの会話で大事です。感情だけが先行して、理性が働かない状態でコミュニケーションしてはいけません。

運転にたとえるなら、ハンドル操作もブレーキも利かない自動車と一緒です。自分をコントロールできないまま、人と接するのは危険です。トラブルになるのは必至でしょう。

人間ですから、腹が立つときはあります。理不尽な要求や、何度指摘しても改善されない仕事内容などに、感情を込めた言葉でNOを突きつけたい場面もあります。

そんな気持ちが湧き上がってきたら、冷却期間を設けましょう。私はアンガーマネジメントの研修会で、怒りを感じた場合、まずは6秒間我慢しろと教えています。これを〝カウントシックス〟と呼びます。

具体的には、カーッときたときに、机の下など相手の見えないところで（あるいは、頭の中でイメージして）指を折って6つ数えるのです。6なので、片手だけでは数え切れずに、両手を使う。左手から1本ずつ指を折っていったとすると、5から6になる際に右手に移り替わることになります。その際に、意識も切り替わるのです。

また、怒りは6秒程度がピークで、それを過ぎると鎮静化に向かうと言われていることも、このカウントシックスが効果的な理由です。

それでも感情が収まりそうにないときは、いったんその場から離れるのも手です。トイレに行って自分の顔を鏡で見れば、怒っている顔を客観的に認識できる。そこで感情の波が収束し、気持ちが落ち着いてから、元の場所に戻って、冷静に自分の意見を伝えればいいのです。

・「り」理由をキチンと話す

なぜNOなのか。あなたにはその理由をキチンと説明する義務があります。断られる理由がわからなければ「自分のことが嫌いだからだ」「面倒くさがって頼みを聞いてくれない」などと相手は誤解します。そういう小さなすれ違いで、敵を作ってしまうのは損です。たった一度のNOによって、それまで築いてきた人間関係を壊したり、職場で悪評が広まるのは避けるべきでしょう。

また、現代のビジネスでは、説明責任が求められるのは当然です。「改善提案はよくできていたが、上が納得しない」なんてひと言で部下を引き下がらせることができたのは、いまは昔の話です。

・「て」手短に済ませる

相手のやり方や提案、意見に反対の意向を伝える以上、理由を明確に説明すべきではありります。ですが、くどくどと長く話すのはNGです。

相手からすれば自分のやり方や提案、意見が否定される理由をいつまでも聞いていたいわけがありません。あなたが断る理由がわかれば、さっさと次の対応策を考えたいのです。

ですので、相手に伝える内容はあらかじめ整理して、的確に、かつ効率よく話すように準備しましょう。それでも相手が食い下がってきたら、さらに詳細に説明するぐらいの姿勢で十分です。

・「き」キャラクター（性格や人格、外見や言動の特徴）には触れない

相手のやり方や提案、意見に反対を示すのは、その人の性格や人格にはいっさい無関係であると強く意識してください。あくまでも客観性のある事由があるからだと、自分自身にしっかり言い聞かせておく必要があります。

というのも、人間は断ることの後ろめたさから、ついつい余計なひと言を口にしがちだからです。

たとえば「前回手伝ったときにお礼もしてくれなかった」「キミはいつもルーズだから、ギリギリの状況になるんだよ」などと、問題となっている仕事とは直接関係ない理由は決して口にしてはいけません。相手を傷つけてしまいますし、職場での「人格否定」的な発言はパワハラ認定されるリスクもあります。

・「た」他人と比較しない

相手を誰かと比較する発言は御法度です。比較で褒められている人も決して気持ちよくない〝レッドカード〟級のNG行為です。

たとえば、新しい仕事を教えてもなかなか及第点の成果物を上げてこない部下に対して、「(前の部下だった)Aさんは一度で覚えてきたぞ……」などと言ってしまったら、部下は深くプライドが傷つきます。あなたを憎むかもしれません。

そもそも部下とAさんを比べることと、部下が新しい仕事を身につけることはまったくの別問題です。むやみに他人と比較する行為は全面的にやめましょう。

・「ね」根に持たない

きちんと自分の意見を伝えて、相手を納得させたら、あとはスッパリ忘れましょう。根に持たないようにするのです。そうしなければ、その後、NOを言った相手があなたに接する態度に対して、「あのときNOと言ったから、少し冷たいな」などと邪推をしてしまうことにもつながります。

色眼鏡をかけて相手を見ていれば、人間関係がぎこちなくなり、結果的にあなたが損することにもなるのです。

冷静に厳しいことを言ったあとほど、相手を認め、フォローする言葉を意識的にかけるようにすることで、言った相手だけでなく、自分自身の気持ちも軽くなって、根に持ちにくくなります。

・「こ」個別に伝える

グループＬＩＮＥやＳｌａｃｋなどのチャットツールで一斉に問いかけられた案件などは別にして、相手にとって好ましくない意見は、みんなの前ではなく、個別に伝えるのが基本です。なので、必ず別室に行く、メールでフォローするなどの配慮をして、ほかの人の目が届かない場所で伝えましょう。

仕事の軽重にかかわらず、否定的な意見を言われるのは、当人は多かれ少なかれダメージを受けるものです。ほかの人の見ている場所でオープンにそれを伝えれば、相手に恥をかかせることにもなります。「何もほかの人の目がある場所で言わなくてもいいじゃないか」と、伝えられた案件への意見とは別の要素で怒りに火を注ぐ結果になるかもしれません。必ず一対一になって、他人の目を気にしなくていい状況を作って、冷静に伝えるようにしましょう。

以上7つの「かりてきたねこ」を意識して、TPOに合わせて、相手とコミュニケーションを図るようにしてください。

では、それを踏まえて、さまざまな立場、シチュエーション別に、相手にNOや言いにくいことを伝えるコツを紹介していきましょう。

ケース1　部下の仕事に上手にダメ出し、やり直しを伝えるには

昔は部下に対して、頭ごなしに注意したり、叱っても問題にならない時代もありました。でも、いまはそんなやり方は許されません。

大学の体育会でもそれは同じです。NHKの番組で紹介していましたが、ある大学の体育会ラグビー部では、新入生の練習の球拾いを上級生がやっています。そのチームは、大学ラグビーの中でもトップレベルの強豪です。

そういう時代なので、職場においても、部下から提出された書類や提案などに、きちんと

とした理由や改善策も伝えずに何度もダメ出しするのは御法度です。

かつては信じられないスパルタ教育がまかり通ったこともありました。

私の知人に新聞社の編集委員が数名います。彼（彼女）らから聞いた話ですが、昔の新聞社は、部下が最初に書いてきた原稿や記事にはほとんど目を通さず、クシャッと丸めてゴミ箱に捨てるのが通例だったそうです。書き直しを命じて、第3稿ぐらいの段階でようやく読み始めるのだとか。いまそれをやったら完全にアウトです。

もちろん、本当にダメな原稿はあるでしょう。学生のレポートでもよくあります。正直に言えば、管理職時代の私も部下の提案に対して「もっとよく考えろよ」という感情が噴き出てしまった経験があり、学生にもそう言いたくなることもあります。

そんなときでも、現在では、知人の編集委員は気持ちをグッとこらえて、本当は5まで言いたいけど、2か3にまで落として優しく指摘しているそうです。そうして辛抱強く理由を説明して原稿のレベルを引き上げていく。それでも、何回かやりとりしていると、途中で修正原稿が上がってこなくなる部下もいたと言います。新聞社を辞めるまではいかないけれど、何日か上司と没交渉を決め込む若手もいたそうです。

私は新聞社のデスク、テレビ局のプロデューサーなどの管理職に向けた、部下への指導法に関する研修も行っています。その際、若手記者に模範例、サンプルを示すことの大事さを伝えています。

理由も言わずに書き直してこいとか、自分の身に置き換えてよく考えて書けなどという抽象的な指示は、昔なら通じたかもしれませんが、いまはＮＧです。

実際、私も学生のレポートの指導にはすごく気を使います。たとえば、就活時のエントリーシートの相談に乗る際。彼らは自分が書いたエントリーシートを持ってきて、私にアドバイスを求めてきます。

ひと目で「これは企業に見せるのは恥ずかしいなあ」と思っても、それは表情には出しません。彼らは私の表情を鋭く見抜きます。とにかく笑顔で「なかなかいいね。でも、この箇所だけ、こう置き換えるともっといいかもしれないよね」などと言い方に気をつけるようにしています。

もし最初から「ダメだよ、これでは」などと一刀両断するような言い方をすると、学生は大きなショックを受けてしまいます。自己否定されたと受け取って、ずっと引きずってしまうのです。

具体的に私がよく示す改善案は、３つ褒めるポイントを見つけて、３つの改善点を指摘する形です。できるだけ細かく指示しないと学生は戸惑います。

模範例も丁寧に示します。ここのウェブサイトにいい例が載っているから、参考にするといいよ、などと具体的にサイト名を示しながら指導します。自分の就活なんだから自分で探してごらん、などと突き放してしまうと、どうしていいかわからなくなる。「たくさんあってわかりません。先生のオススメを教えてください」と再度、研究室にやってくることになります。

いずれにしても、若手社員の成果物に修正を求めるのなら、模範例、見本になるサンプルを示す必要があるということです。

実際、どういう場面で上司や仕事のプレッシャーを感じるかという質問に、具体的な説明が足りない場合、と答える若手が多いのです。

そして何より大事なことは、たとえあなたの結論はNOであったとしても、部下の意見にはあますことなく耳を傾けることです。

浅はかな考えだなと思っても、しっかり「傾聴《けいちょう》」するようにしましょう（「傾聴」については、第4章で詳しく解説します）。

意見を差し挟まず、最後まで丁寧に聴くのです。

そして相手が意見を言い切ったと認めてから、初めて意見を伝えてください。

ちゃんと自分の提案を聴いてもらえたなと思えば、答えがNOであっても納得しやすくなるからです。

彼らにしても、自分たちの意見がすべて認められるとは思っていません。

それでも、言われ方、受け止められ方で、上司に対する気持ちは雲泥の差になるのです。

この、相手の意見に最後まで耳を傾けるという当たり前のことができない上司が、じつはとても多いのです。

どうせ結論は同じだからとか、自分は忙しいんだ、などの理由で、途中で話をさえぎって彼らの意見を退けてしまうと、部下は心を開いてくれなくなります。それは部下のやる気を失わせ、成長を遅らせることになり、結果的に管理者である上司にツケが回ってくることになるのです。


さらに、実際に否定的な意見を言う場面でも、言い方はとても大切です。

ポジティブなことでネガティブな情報を挟む言い方がお勧めです。

たとえば、遅刻が多い部下がいたとすれば、まずは彼がなぜ時間を守れないのか、その言い分を徹底的に聞くことです。そして彼が言い終えたところで、まずはポジティブな意見を伝えてください。

「ふだんのキミの仕事への取り組み方はとても一生懸命で、私も見習いたいぐらいなんだ」

そして、「でも、始業時間にみんなで一斉にスタートするというルールは守ってもらいたい」と伝える。

最後は「なぜなら、キミの姿を後輩も参考にしているから、ぜひ、いいお手本を見せてほしいんだ」で締める。

つまり、「遅刻を注意する」というネガティブなことの前後に、ポジティブな要素を入れるのです。これなら部下も納得して自分の問題点を受け入れやすくなるはずです。

ケース2　上司の提案・指示にカドを立てずに異を唱えるには

若手社員であれ、中間管理職であれ、社内で言いにくいことを言う典型は、自分より上役の人間にNOを言うときでしょう。予定外の仕事を頼まれたり、提案された指示に対して反対・反論を表明するときなどは、誰だって気が重いものです。

上司の提案や指示だからといって、必ずしもつねに正しいとは限りません。また、中間管理職の立場にいる人なら、上からの現場を無視した無理難題の要求があった場合などに、きちんとNOを言わなければ、若手社員や部下に示しがつかないケースもあるでしょう。

これは多くのビジネスパーソンが日常的にぶつかる問題だと思います。

その難易度は、上司のタイプによって違ってきます。

もし自分の感情を横に置いて、ビジネスとしての損得やロジックを重視するタイプなら、合理的に伝えれば納得してくれます。

プライドの高いタイプは、小さな頼みを断っただけでもムッとします。とくに体育会的な上下の価値観で生きてきた人なら、メンツを大事にするので、部下からNOを突き付けられた時点で、自分の顔を潰されたと思いかねません。

でも、むやみに恐れたり、悩んだりするのは、もうやめましょう。

上司が〝部下からのNO〟に感情的になるのは「自分が尊重されていないのでは?」「軽んじられているのでは?」という不安があるからなのです。職場では、どんなに自信満々にふるまっている上司であっても、心の中には不安をいっぱい抱えています。仕事ができるイメージを保たなければいけないプレッシャーもあるものです。多くの管理職のカウンセリングをしてきた中では、私の前で涙を流す人もいました。その人は日頃はコワモテでならす管理職です。

そんな心理を理解して、ふだんから部下として上司への敬意を表していれば、上司の意に反する意見を言うときであっても、受け入れやすい状況を作ることができます。

まず日頃からコミュニケーションを取って、信頼関係を構築しておくこと。

そのうえで、敬意を示しつつ、合理的な理由を説明して自分の意見を伝えるのです。

合理的な理由の示し方にはいろいろありますが、仕事においては「緊急度・重要度」による判断を示すことがもっとも一般的です。

これを測る指標として、世界的なベストセラー『7つの習慣』の著者であるスティーブン・R・コヴィー氏が提唱した有名な「緊急度と重要度のマトリクス」が便利でしょう。

まず縦軸を「重要度」、横軸を「緊急度」としてマトリクスを作ります。

そうすると（A）（B）（C）（D）の4つの領域が生まれます。

それぞれは（A）重要度が高く、緊急度も高い、（B）重要度は高いが、緊急度が低い、

（C）緊急度は高いが、重要度が低い、（D）重要度、緊急度のどちらも低い、を表す領域になります。

つまり、マトリクス（A）にあたるタスクは緊急度・重要度がどちらも高い仕事なので、即座に取りかからなければなりません。上司からこのタスクを振られたら、断るのは難しいでしょう。取引先を失いかねない大きなトラブル発生などは、この領域に位置します。

では、マトリクス（B）のタスクを頼まれた場合はどうでしょうか。

重要度は高いが、緊急度は低い仕事です。

たとえば「今日のミーティングの議事録を明日朝イチでメンバーに送ってくれ」などのタスクです。

たしかに議事録をまとめることは重要な仕事かもしれません。しかし、緊急度はそれほど高いわけではありません。

まして就業時間内では終わりそうにない場合、残業してまで完成させる必要があるでしょうか。

そこで、上司に対して具体的にNOを言うポイントは、次の3つです。

■緊急度と重要度のマトリクス

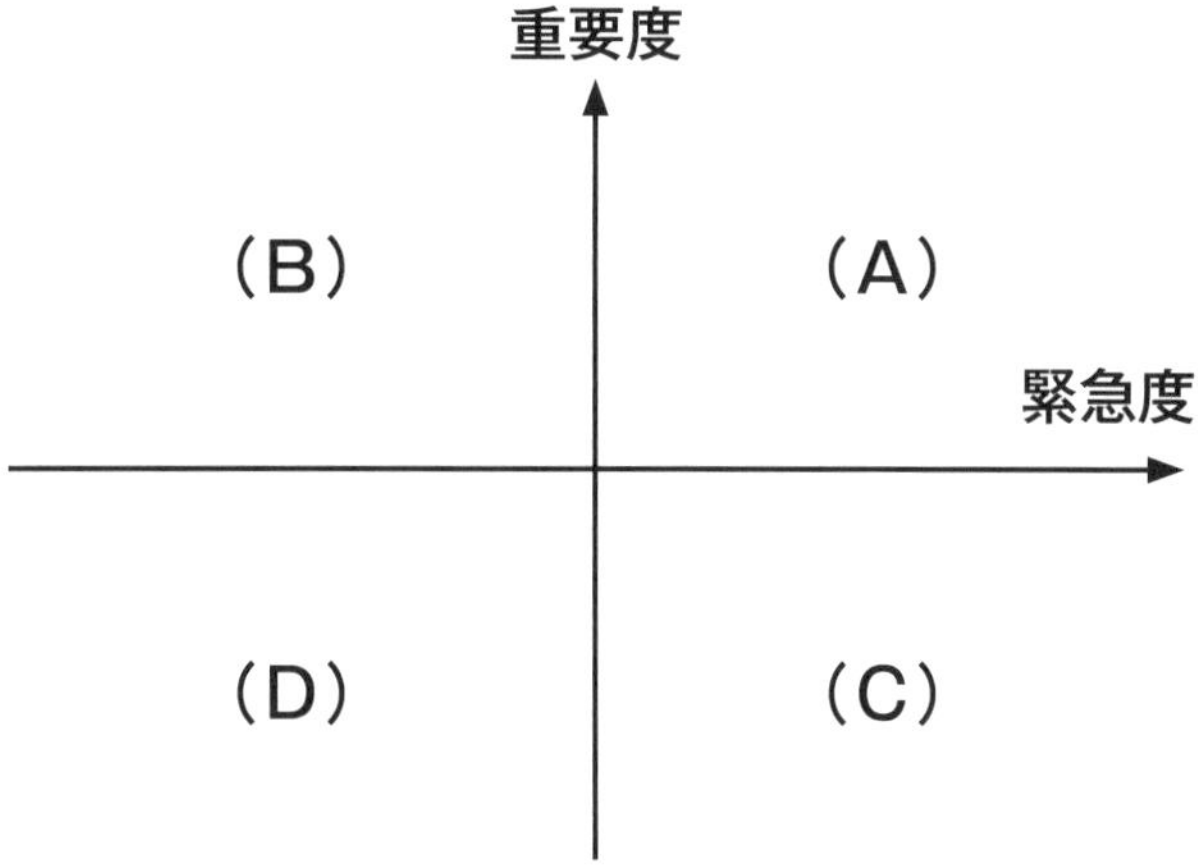

1. 緊急度・重要度の確認
2. 代替案の提示
3. あくまで「私の意見」として伝える

最初の緊急度・重要度の確認は、欧米のビジネスマンは上手です。合理主義が浸透しているアメリカでは、ボスの提案にＮＯと言う場合には、最初にこの要件を示す訓練ができています。「その仕事は緊急なのか。どれくらい重要なのか」などと、ボスと議論します。

自分が嫌だから、では上司も受け入れてくれませんが、緊急度・重要度の視点から考えるのなら、上司も合理的に対応しやすくなります。そこではタスクに対してロジカルに話すことが大切で、決して「いつも私にばかり押し付けますね」などの感情論や人格攻撃は絶対にしないでください。

穏やかに笑顔でやりとりをしているほうが、上司に理解してもらえる可能性が上がります。

議事録は重要だけど、朝イチで送るほどのスピードが必要かどうかに気づいてもらうのです。急に残業するボリュームの仕事を頼まれたのなら、かなり緊急かつ重要なタスクであることを確認してもらうのです。

もちろん、お互いに確認しているうちに、部下が緊急度に気づく場合もあるでしょう。かりに「今日の会議で話した内容は、明日の営業部のプレゼンに必要不可欠」であれば、多少無理をしてでも早めに仕上げなければなりません。

しかし、冷静に緊急度、重要度を確認して、翌朝一番に配布するほどではないとわかったなら、次は代替案を提示してください。たとえば「明日の午前中に仕上げるのではどうでしょうか?」と提案するのです。

ポイントは、正論のように突き付けるのではなく、「私としては、それでもプレゼンの準備が間に合うと思うのですが、いかがでしょうか?」と、私見に過ぎないと添えておくことです。あくまで部下としての意見であり、最終決断は上司のあなたにお任せしますと委《ゆだ》ねるわけです。

そうすれば、体育会系の上司であっても自分のメンツが潰されたとは思いません。正論で言い負かされた感覚を持たずに、部下の意見を聞き入れたという意識でいられます。

どんなタイプの上司も心理的に受け入れやすくなる「3つのポイント」を参考にしてみてください。

ケース3 重要な取引先の要求にNOを言うためには

言いにくいことを伝えづらい相手の筆頭に、取引先が挙げられます。

とくに相手がクライアント（仕事の依頼者）で、こちらが請け負う立場ならばなおさらです。多少の無理は聞かなければならない雰囲気があります。

私も営業の経験があるので、よくわかります。

現在のようなコロナの影響下であれば、非常に厳しい条件を呑ませようとしてくることもあります。たとえば「仕入値を10％下げてほしい」「コロナで売上減だから、支払いを1か月分スキップしてくれ」など無理難題を言う取引先もあることでしょう。

でも、そのような力関係があったとしても、何でも安請け合いするわけにはいきません。NOと言えない若手が多くなった中、部下に手本を示す意味でも、言うべきことはきっちり言える上司であることを示しておくことも必要でしょう。

このような場合、いったいどうやってNOを伝えればいいのでしょうか。

そのためには、日頃の仕事でのやりとりにおけるビジネス関係に加えて、プラスアルファの信頼関係を築くことです。

仕事上だけではない、人間同士の信頼関係があれば、相手からしても、あなたは余人をもって代えがたい存在です。

いざというときにNOの返事を受け取ってくれますし、助け船を出してもくれるものです。逆にそんな信頼関係のベースがなければ、NOと言ったらそこで関係が切れるリスクも、余裕のない現代では当然かもしれません。

では、具体的にはどうしたらいいのか。私がビジネスコミュニケーションを意識するようになった原体験を紹介させてください。

私は大学卒業後、アメリカ系の石油元売り会社であるモービル石油に入社しました。その日本支社で6年間、店舗営業を担当して、同期450人中でトップの成績を取ったこともあります。入社4年目のことです。

しかし、最初の2年間の成績は非常に悪いものでした。とくに1年目はどうしようもない状態でした。いま思い出しても笑ってしまうほどにひどい成績だったのです。

悩んだ私は、実家の兄に相談しました。

すると兄から「それならいつでも帰ってこい」と言われたのです。その言葉で安心してふっ切れた私は、もう少し頑張ろうと思いました。

当時の私は東北の岩手県を担当する営業マンでした。

ちなみにコロナに強い県で有名になった岩手県は、四国地方全体とほぼ同じ広さがあります。私は営業車での走行キロ数が毎月2000キロをゆうに超えていました。その岩手県を4年間、そして福島県を2年間担当したのです。

とにかくカーナビなどない時代、地図を頼りに、広い岩手県を地道に営業して訪問件数を増やしていきました。

ガソリンスタンドの店長と毎日のようにコミュニケーションを取る中で、雑談の大切さを日々感じていました。岩手県は首相を4人も輩出し、広大な自然とともに郷土文化も豊かです。彼らは口数こそ少ないのですが、派手さを嫌い、実直で、何より強い地元愛があります。

私はもともと好きだった柳田国男の『遠野物語』など地元の民話や、宮澤賢治、石川啄木などの地元出身の作家などにまつわる話を調べて、敬意と親しみを込めて話をしたのです。飲み会のときなどで興に乗ると、暗記した民話を「むかすぃ、あったずもな、とおーのうには……（昔々の話だが、遠野には……）」などと話し方や方言のイントネーションまで練習しておいて披露しました。すると「へぇー、たまげた。東京モンがウチの田舎に興味を持ってくれて嬉しいよ」「地元の人間より詳しいぞ」などと喜んでもらえました。

そんな地元ネタの雑談に自信を持った私は、系列の違うライバル会社のガソリンスタンドにまで営業をかけたのです。

特約店として取引する石油会社が違うにもかかわらず、違う看板を掲げた相手のガソリンスタンドに図々しく寄るわけです。午後のすいたスタンドの時間帯を狙い、休憩室を訪ねて、他系列の店長と軽く雑談をして帰る日々を繰り返しました。当然、最初は「敵の会社なのに何で来た」とかなり警戒されたものです。

でも、私は石油やガソリンなどの仕事の話をするのではなく、趣味の渓流釣りや地元の民話の話などをしゃべって帰っていく。そんなことをしていくうちに、だんだんと打ち解けてくれました。そして、一度信頼関係が築ければ、岩手の人はよそ者でも、駆け出しの営業マンでも、心から受け入れてくれます。店長から「ナベちゃん（筆者のこと）はなかなか面白いやつだから、社長に紹介してやるよ」と言われて、ライバル系列の店を複数店経営する、地元では名士の社長を紹介してもらえたのです。

紹介してもらった社長と話をしていくと、経営者ですから、雑談だけではなくビジネスの話にも踏み込んできます。若手営業マンの端くれでしたので、ずいぶん緊張しました。

当時ガソリンスタンド経営で一番大事だったのは、何よりガソリンの卸価格です。

私が勤務したモービル石油は、アメリカのメジャーな石油会社のため、サウジアラビアから安く仕入れることができるので、卸価格が安かった。いっぽうで日本の石油会社は、総じて少し高いのです。

社長は「モービルさんなら、リッターいくらぐらいでガソリンスタンドに卸してるの？」と質問してきます。私は正直に答えました。

「えっ、そんなに安いの⁉　ウチはこんなに高いんだよ」

社長は身を乗り出してきます。かりに元売り本社に文句を言っても、卸価格が下がるわけはありません。元の価格競争力が違うので、そこはどうにもならない。

「そんなに違うのだったら、いまの代理店契約をやめて、モービル石油に乗り換えたいな」

そう言い出す社長が２人も出てきました。その後、所有していた９店舗のガソリンスタンドすべてを、いままでの看板を一晩ですべて外して、徹夜で塗り替え、翌朝にはモービル石油のスタンドに変身させてくれたのです。これは石油業界ではめったにない事件で、当時の業界新聞の１面で報道されたほどでした。

そんな新規開拓によって、私は大きな業績を上げ、モービル石油に営業面で貢献することができたのです。

もし私がライバル会社に最初から「卸価格が安いのでウチに乗り換えませんか」と持ちかけていたら、おそらく相手の経営者は不快感を強めて、出入り禁止にされていたかもしれません。

当時、関西の優秀なセールスマンが見せる口八丁手八丁の営業法は、岩手では失敗するとのジンクスがありました。ビジネスだけでなく、ビジネス以外でのプラスアルファの信頼関係を築くことに注力したからこそ、こちらの提案に耳を傾けてもらえたのです。

このような信頼関係を築けていれば、取引先の意に沿わないことを言わざるをえないケースでも、すぐに関係が壊れてしまうことはまずありません。私の場合もそのような状況は、何度かありました。

もちろん、信頼関係が築けていたとしても、そこは取引先です。単刀直入に「それはできません」とキッパリNOを言えるものではありません。

その場合、たとえ最終的にはNOを伝える場合でも、104ページの「ケース1」でも紹介したように、まずはポジティブな話から始め、最後もポジティブに締めくくるのがポイントです。

「いつも気持ちよく取引させていただいていてありがとうございます。弊社も本当に助かっております。先月は昨年比で2割も新規でご注文をいただき、支店長も感激しておりました！」

そのうえで「ただ今回は、これこれこういう事情で少々ご希望に沿いかねます」とNOを伝えるのです。相手もポジティブな話から始めたことで、心を緩めて、耳の痛い話も受け入れてくれやすくなります。

そして、最後は、次につながる話、提案などでポジティブに話を締めくくる。そのために自分でシナリオを考えて準備をしておくことが必要です。

このように、相手がどんな立場であれ、ネガティブな話を伝える場合は、ポジティブな話を前後に挟み込むことを意識するといいのです。

〝いつも面倒な仕事を頼まれる人〟から抜け出す小さな習慣

ここまでの話で、これまで言いづらいと感じていたことも、多少、ラクに言えそうな気がしてきませんか。

職場で〝自分を主張しないキャラクター〟〝NOを言わないキャラクター〟だと思われ続けると大変なことになります。

面倒な仕事はあの人にやってもらえばいいよ、と周囲から次々に余計な仕事を押し付けられかねません。実際、役員クラスの人でさえ、お人好しの人物に過度な仕事が回されます。断れずに、すべてを引き受けているうちに、自分で自分を追い詰めてしまう。

私はエグゼクティブ・コーチングもしていますが、「NOを言えない」ことをひそかに悩んでいる上場企業の社長も、じつは多くいます。

自分自身がそのドロ沼に陥らないためにも、また、繊細な若手社員、部下が必要に応じてきっちりNOを言えるようになるためにも、カドを立てずに上手に伝えられる訓練を、日頃からしておきたいところです。

心理学の世界に行動療法、認知行動療法という基本的な心理療法があります。苦手だと思っていたことに対して、いまの自分でもできる小さなことからチャレンジしていく。そうして小さな成功体験を積み重ねていくことで、少しずつ自分にもできると自信が生まれ、やがて苦手意識が克服されていく、という療法です。

実際に私は、NOが言えずに何でも引き受けてしまうことに悩んでいるビジネスパーソンや学生に助言する際、あるいはエグゼクティブ・コーチングで経営者たちにも、「まずは小さなことから断る練習をしましょう」と伝えます。

そうすると、最初はたいてい「それができれば苦労ありません」と苦笑して言うのですが、「どんな小さなことでもいいので、次回までに一つ断る経験をしてみてください」とアドバイスしていくと、たいてい「できました！」と報告が来ます。

そうなったら私は、相談者に「どういうシチュエーションで、誰に何と言って断ったのか？　それによってどう波風が立ったのか？　その程度は？」などをノートに書いてもらいます。一つできれば自信になり、それがだんだんと重なって、断れる自分への自信や満足感が生まれていきます。

断ったら関係がギクシャクする、今後の仕事がやりにくくなる、という思い込みや根拠のない不安からの解放です。

そうなったら私は「あなたが断ることが相手のためにもなるのです」と説明します。相手も同じ人に頼めばいいと安易にお願いしているのは、いわゆる共依存（お互いに寄りかかっている状態）の関係です。この共依存から抜け出すために、あなたから断ち切る必要があるということを理解してもらうのです。

日頃からNOを言うことは、人生において重要です。欧米では「自己主張をし、嫌なことは嫌だと示しなさい」と教育体系に入れて、子どもの頃から学ばせています。日本ではそれを勉強することはありません。むしろ「みんな仲良くしよう」と教え続けられ、他人の意向を察知して、機嫌を損ねない意識を養っています。日本人が自分の意見、それも相手の意向に反する意見を言うのが苦手なのは、当たり前なのです。

でも、自分の意見が示せないあまり、結果的にかえって信頼されない人になってしまっては本末転倒です。「いい人」を演じているうちに、無意識の世界での葛藤から心の病にまでなるケースもあり、注意が必要です。

クッション言葉をうまく活用しよう

上司が、仕事を回しやすい部下に負担をかける構図はどこでも同じです。

では、NOを言えない人は、重い案件は全部引き受けなければならないのか。

そんなことはありません。自分が無理だと思う仕事まで我慢して引き受ける必要はありません。

そこで、まずは111ページで紹介したように、まずは緊急度・重要度を確認するようにしましょう。

NOを言えない人は、その問いかけすら、どう尋ねたらいいか不安かもしれません。たしかに言い方は大事になってきます。

「私ばかり押し付けられるのは納得できません」

とか、

「なぜ、その仕事をするのか説明してください」

などという言い方ではカドが立ってしまいます。

「それは今日中でなければならないでしょうか?」

「現在、手いっぱいなので、その案件がどのくらい急ぎなのか教えていただけますか?」

などと、同じことを訊くのでも、柔らかく伝えることで相手も答えやすくなります。

そんなときに使うといいのが〝クッション言葉〟です。

クッション言葉とは、相手に何かを頼んだり、断るときなどに、相手が受ける印象を柔らげる目的で加える言葉のことです。

ダイレクトにNOと言うのではなく、最初に衝撃を弱くするクッション言葉を挟むだけで、相手が受け入れやすくなるわけです。


「心苦しいのですが、いまは自分の仕事から手が離せません」

「身に余るお話ですが、転勤のお話はお断りさせていただきます」

「お気持ちはありがたいのですが、いまの私の力ではご期待に沿えません」


私は学生にも、就活、就職などに向けてクッション言葉のストックをメモするように指

■断る・NOを言う際によく使われるクッション言葉の一例

クッション言葉	使用例
あいにく	あいにくですが、今回だけはお引き受けすることができません。なぜなら〜
僭越ながら	僭越ながら、わたくしの個人としての意見を述べさせていただきます。
失礼とは存じますが	失礼とは存じますが、すみません、見送らせていただきます。
勝手ではございますが	勝手ではございますが、今回だけはお断りさせていただきます。
大変心苦しいのですが	大変心苦しいのですが、今回はお引き受けするのが難しい状況です。
お言葉を返すようで恐縮ですが	お言葉を返すようで恐縮ですが、そのご意見には今回だけは同意しかねます。
ありがたいお話ですが	ありがたいお話ですが、今回だけはご辞退させていただきます。
身に余るお言葉ですが	身に余るお言葉ですが、いまのわたくしではお引き受けいたしかねます。
ご期待に添えずに申し訳ございませんが	ご期待に添えずに申し訳ございませんが、今回だけはお断りさせていただきます。
お役に立てずに恐縮ですが	お役に立てずに恐縮ですが、何とぞご了承ください。
力不足で恐縮ですが	わたしどもの力不足で恐縮ですが、ご寛容いただけましたら幸いに存じます。

導していきます。講義では実際に書き出してもらい、グループで披露し、お互いの練習につなげます。クッション言葉は、伝えるほうとしてもNOを言う心理的抵抗が薄まるメリットがあります。

状況に応じたワンフレーズを知っておけば、いつでも使えて、相手が受ける印象が変わります。私の研究室に就活の相談に来る学生には、印刷したクッション言葉のリストを渡しています。

ビジネスパーソンであればもう日常的に使っている人も多いと思いますが、代表的なクッション言葉を127ページに載せておきましたので、あらためて確認してみることをお勧めします。

自分の〝隠れた感情〟に気づくと反発されにくくなる

2013年に日本でも発売された『なぜ人と組織は変われないのか――ハーバード流 自己変革の理論と実践』（ロバート・キーガン、リサ・ラスコウ・レイヒー著）は私が読んできた数ある組織論の中でも出色の名著だと思います。

組織がなぜ変われないのかという問題に対して、ハーバード大学だけでなく、いろんな方向から研究し、論文が出ています。組織の変革が進まないのは日本だけの悩みかと思いきや、アメリカや中国でも同様の課題を抱えているのがわかります。

私がこの本で注目したのは、変われない要因が人の〝感情面〟にあると指摘していることです。どんなに自分では合理的、公正に交渉しているつもりでも、人間は〝裏の目標〟を持っているものだと言っています。裏と聞くと悪いイメージを感じてしまいますが、自分自身では気づかない〝隠れた感情〟とでも呼べる意識のことです。

誰かと話しているときも、多くの人はこの〝隠れた感情〟によって言動が左右されているのです。

大事なのは、無意識、潜在意識の核には、自分の信念、英語ではコア・ビリーフがあることです。たとえば、マネージャーは白人でなければ認めないとか、ユダヤ人は信用できないなどの隠れた感情が、心の奥底から発生していることがあったようです。この本では、それがある限り、自分の感情をラクにする目的で、相手に不利益を与えてしまい、結果的に組織が硬直化する原因になっているというのです。

隠れた感情が厄介なのは、「成功したい」「もっとお金が欲しい」といったわかりやすい損得で動くものではないことです。相手に対する自分の不安心理を収めたい、自分は白人以外に上司になってほしくないと思っているのに、その感情に気づかず、組織のために発言していると信じている。周囲はそんな彼の交渉や言動に振り回されて、話し合いが合理的に進まない。ハーバードの研究ではそれが総体となって、人も組織も変われないとアメリカでの多くの例証を掲げています。

この理論を、日本のビジネスパーソンに当てはめてみるとどうでしょうか。

何人かいる部下の中で、特定の若手社員や出向社員、派遣社員にばかり、厳しく当たっていませんか？　逆に、上司に対して、指示の内容にかかわらず、反発を覚えていませんか？

池井戸潤さん原作によるテレビドラマ「半沢直樹」シリーズが圧倒的人気を呼ぶのは、ビジネスパーソンなら誰もが持っている深層心理の葛藤を見事に描き出しているからでしょう。

そんな隠れた感情や葛藤が、日々の人間関係にじつは大きな影響を与えているかもしれません。あいつは自分よりいい大学を出ているからとか、上層部に気に入られているからとか、あの人はいつも自分を軽く見ているとか……。

そのまま放置していれば、嫌いな感情と、相手の仕事に対する評価が混同されて、人間関係までいびつになってしまいます。

上司や部下に対してNOを言いづらい雰囲気がある、職場のまとまりが悪い、空気がピリピリしている。そんな原因は、この隠れた感情にあるかもしれません。

自分の感情を認めて、なぜ嫌いなのか、もっと掘り下げてみることが必要でしょう。

感情に振り回されない人になる「メンタフ・ダイアリー」

自分の隠れた感情や葛藤に気づくために、アメリカではカウンセリングやコーチングを受けます。リラックスしながら、自己開示する中で、自分の隠れた感情に気がつくようにカウンセラーが導いてくれるのです。ただ、残念ながら、日本にはまだ根づいていません。

そこで、私が勧めているのは「メンタフ・ダイアリー」です。これはメンタルタフネスになるために、日々の感情にからむ出来事を日記のように書き残して、あとで見直す、いわば感情のメモの綴《つづ》り、ダイアリーです。

もともとは、うつや不安に悩む人への認知行動療法をベースに、カウンセラーと出会えない人向けに、自己カウンセリングを手軽に進めて心理葛藤を改善するための目的で作り、インターネット上で公開したものです。日本と中国で本も出版しています。心の不調だけでなく、ビジネス、人間関係、上司・部下の行き違いなどからのストレスを改善するためにも有効で、紙とペン（できれば黒・赤・青の3色ペン）だけでできる、費用もまったくかからない方法です。

まずは部下や上司に対して、何らかの葛藤が発生したとします。そのことを、夜、家に帰ってからでも、1行程度で紙に書きます。そして、自分が抱いた感情の大きさを10点中何点かで加えます。さらにそこに、なぜその感情が湧き出したのかの分析も1行程度で書くのです。

最初はすべて1行から数行程度の走り書きでOKです。まずは心の中にあることをそのまま書き出すのがポイントです。たとえば、以下のような形式です。

1．そのストレスな出来事とは？

（メモ）課長から「また雑なレポートで引用が抜けていたよ。いつもキミはそうなんだから。

しっかりしてくれよ!」とオンライン会議で言われた。7月20日。

2.そのときの感情ワードと点数(10点がもう限界!という上限)。可能なら赤ペンで記入

(メモ)怒り8点、悲しみ6点

3.なぜ、そう感じたのか?

(メモ)引用が抜けたのはミスだが、毎回じゃないだろう! 先月は完璧に引用をつけたぞ! 課長はいつもオンライン会議でみんなの前で言うから最悪だよ。しかし、たしかにミスったな。ちょっと悲しい。

ここまで書いたら、次は数日置いてください。1週間後でもいいので、続きの4から書き出します。

4.もうひとりの冷静な自分、または親友からのアドバイスとして書いてみる!

(メモ)前回7月20日のダイアリーを見ると、ちょっと俺も怒りすぎたかな。次の日のオンライン会議では別のことでは褒めてくれているし。ほかの課長はもっと引用にはうるさいらしいから、うちの課長もヨシとするか。俺も課長もオンライン会議で最近疲れているかもしれない。今度、課長にオンラインで冗談でも言ってみよう。

5．今回の感情キーワードを再度記入する。可能なら青ペンで記入

（メモ） 怒り5点、悲しみ3点、楽しみ6点

6．最後に発見点などの備忘録メモを残す

（メモ） なんか自分の怒りのパターンが見えそうだ。このメモは継続していこう。

こんな感じのメモの綴りが、メンタルタフネスになるためのメンタフ・ダイアリーなのです。ちなみにこのメンタフ・ダイアリーはNHKの「おはよう日本」という朝の全国ニュースでも紹介されました。

心の中にあるだけでは明確に意識しにくくても、目に見える文章で読むことで、自分で自分の気持ちを見直していくことができます。

本来は臨床心理士など専門家からのカウンセリングを受けるのが理想ですが、そこまで悩みが深刻でなければ、このメンタフ・ダイアリーでも十分に効果があり、学会でその成果を何度も発表しています。

パソコンやスマートフォンなどを利用したデジタルメモでもいいのですが、できればノートに3色ペンを使って書いてください。他人に見せるものではありません。読者は自分だけでいいのです。

それでもメンタフ・ダイアリーを書くのが面倒なら、たとえば「今日は部下を怒鳴ってしまったけれど、あれは部下の言い訳にイラッときて感情的になってしまった。行きすぎだったと思う」と書いて、先週も同じ部下を叱っていたら、なぜ彼にキツく当たってしまうのか、と自分の気持ちを客観的に掘り下げていくだけでもいいでしょう。

そうやって顕在化させた感情と、この感情がなぜ出てきたかを、自分なりに分析していきます。毎日1回でも、週に1回でもいいので、それをできるかぎり習慣化して、続けていくのです。これはアンガーマネジメントとしても非常に有効です。

私はこういう理由でこの人が嫌いなんだと、自分の認知の仕組みを理解することが感情コントロールには重要です。その感情を客観視できれば、隠れた感情に流されるまま相手に反発し続ける状況は改善されていきます。それによって自分の中の見えない不安に流されて、感情的に意見を言わないようにコントロールできるようになるのです。

コミュニケーション上手は自己開示がうまい

職場での人間関係改善のポイントになるのは、日頃からのコミュニケーションや信頼関係によって、たんなる仕事上の上下関係を超えたプラスアルファの関係を築くことです。そして、定期的にそのバージョンアップを行うことです。

部下であれ、上司であれ、プラスアルファの信頼感が加われば、多少言いにくいことを言っても大丈夫ですし、その後の軋轢《あつれき》も生じにくい。

とくに中高年の管理職や経営者が、職場の人間関係を仕事中心の20年前、30年前の常識で築いていくのはとても難しい時代なのです。

では、どうやって具体的にプラスアルファの信頼関係を築けばいいのか。その一つが、部下のワークライフバランスのライフの部分まで理解し、共感し、アシストすることです。個々のワークライフバランスの事情に応じたマネジメントができるようになれば、リーダーシップのバージョンアップが確実に実現します。

しかし、プライベートな事情までをサポートしようにも、いまの若手はプライベートの領域を会社の人に知られたがらない傾向があります。

彼らがワークライフバランスにおいて、何を、どのくらい大事にしているかは、日頃の傾聴を通じて、どこかできっかけをつかんで話をしなければわかりません。

そう言うと、中高年の管理職世代は、酒を飲んで仲良くなるのが一番の近道とワンパターンに考えがちです。しかし、前にも説明したように、いまは職場の人間と飲みに行くこと自体、若い世代から好まれません。では、飲みに行かないのなら、勤務時間後に少しの時間オフィスに残って雑談をしようと思っても、仕事が終わったら早く帰りたいと思っている彼らには嫌がられます。

では、どうしたらいいのでしょうか？

前にも述べましたが、私は学生とのコミュニケーションにＬＩＮＥや、講義ではＳｌａｃｋを活用して、距離を縮めるようにしています。もし仕事の連絡以外でＬＩＮＥのやりとりができる関係にあるならば、セキュリティに注意しつつ、活用しない手はありません。そこでは彼らの流儀に従って、スタンプも使ってみてください。

大事なことは、好奇心からプライベートを知りたいのではなく、仕事を順調に進めるうえで必要な情報だと相手にわかってもらうことです。

それができるようになったら、次は、上司側から自己開示をしていきましょう。いきなり「キミの趣味は何なの?」などと聞いても、「とくにありません、ゲームですかね」と心を閉ざしてしまうこともあります。部下や若手社員との距離を縮めていくためには、まずは自ら自己開示していくことが必要なのです。

自己開示で心の距離を縮める一番のコツは「自分の弱みを上司からさらけ出す」ことです。

第1章で、若手社員の定着率がいい清涼飲料メーカー子会社の社長が、新人研修で自分の若い頃の恥ずかしい失敗談を語って、若手との距離を縮めている例を紹介しました。いまは「俺はこんなにすごいんだ。信じてついてこい」ではまとまりません。自らの失敗、弱みを見せられる人こそ、若手が信頼し、リーダーシップを発揮できるのです。

あるいは、自分の趣味を開示していくのもいいと思います。彼らからすれば「あの人も意外な面を持っている」と職場のイメージとのギャップが生まれやすい。

もし共通点が出てくればしめたものです。

阪神ファンであるとか、釣りが好きだとか、ヨガにはまっているとか、自分の趣味を開示する中で、「僕も虎党です」「私もいまヨガ教室に通っています」とリアクションしてくる若手がいるかもしれません。

共通の趣味であれば、釣りやヨガをきっかけにいろいろ話は広がるでしょう。

実際、私もイワナやヤマメを釣る渓流釣りが好きで、オンラインセミナー時の余談でチャットにそのことを書いたら、40人の社会人受講生のうち3人も渓流釣り好きがいて、すぐに「私も渓流釣りは好きなんです」と返してくれました。「父が好きで子どもの頃からよく行っていますので腕には自信あります」「いいお父さんですね」などとやりとりが続きました。リアルな飲み会でなくても、オンラインでも結構話は盛り上がるものです。

ランチなどを活用するのも手です。飲み会に比べれば若手社員を気軽に誘いやすいでしょう。ただし、彼らは一方的に押し付けられるのを嫌いますから、ホテルのビュッフェランチなどがとても効果的で、それを私は何度も実感しています。もちろん「ファミレス」を希望したら、「そんな安い場所でいいのか」なんて虚勢を張らずに、笑顔で一緒に行くようにしましょう。

かつては私もビジネスでの会食場所にはずいぶんこだわりましたが、いま考えるとまさにｄｏｉｎｇの世界であり、滑稽《こっけい》でさえあります。

第4章

できるリーダーの、若手の力を引き出す共感マネジメント

――〝新しい働き方〟の時代に求められるリーダーシップとは

できるリーダーは「2・5人称」で話す

これまで若い世代における価値観、メンタル、仲間意識などの潮流が変わってきたことを解説してきました。そしていま、ウィズコロナによって職場での新しい関係性が求められています。

当然、ビジネスにおいて、若手社員を導くリーダーシップも以前とは変わる必要があります。

従来は会社で働くビジネスパーソンの仕事観やキャリア観はほぼ一元的なものでした。高い愛社精神を抱き、上司に従って、出世の道を目指す。全国のビジネスパーソンが大なり小なり、同じような価値観で仕事に取り組んでいたのです。

しかし、いまや生活様式、家族観、人生観などが多様に混ざり合って、働く人間それぞれの個性となっています。一律に「いまは我慢して仕事第一で取り組め」などと叱咤《しった》激励しても若いビジネスパーソンはついてきません。

ですから、実績やスキルがあって、MBAやコンサルティング能力などの専門性が高いだけでは、優秀なマネージャーとは言えなくなったのです。

働く部下のワークライフバランスを理解し、彼らと価値観や倫理観なども含めたコミュニケーションが取れる、総合的な〝人間力〟が求められる時代なのです。

そのうえ、いまの管理職は部下の管理だけをしていればいいわけではありません。プレーイングマネージャーとして、自分自身も担当を持たされて成果を出さなければならない人がほとんどです。

さらに、個々の部下の事情を酌み取ってマネジメントもする必要がある。オールラウンドの気配り、目配りまで課せられているわけです。

たしかに大変な状況です。私などがいま企業管理職に引き戻されたら、半年でダウンしてしまうかもしれません。

ですので、コミュニケーションの構築ではすべてを一気にやろうとするのではなく、できることから対応していくことが必要です。では、まずは何から始めるか。

私は、管理職研修会などで「2・5人称で部下と接することから始めましょう」とアドバイスしています。

この2・5人称というのは、ノンフィクション作家の柳田邦男氏が説いている言葉で、もともとは事故や事件、災害現場を取材する際の、被災者や弱者に対する距離感を示しているのですが、これは職場における人間関係にも通じる視点だと、私は考えています。

たとえば、2人称であれば「You」です。対面して話をするイメージ、真っ正面から向き合うイメージです。これは彼らには息苦しい。「あなた、おまえ、キミ」という感覚になると、親身になって話を聞ける状況ですが、職場では距離が近すぎて、時に感情的になったり、冷静な判断ができなくなる危険性があります。若手社員からすると、完全にストレスです。

かといって、3人称は「He、She、They」であり、「彼（彼女）、彼（彼女）たち」という距離感は、同じ職場で働く関係としては、あまりにも他人行儀で、共に力を合わせて目標に向かっていく関係としては、少しもの足りなく感じるでしょう。

その中間である「2・5人称」の距離感にこそ、どちらにも心地よい関係性を維持できると私はアドバイスしています。

イメージとしては、真正面から対面するのではなく、大声を上げないと届かない距離にいるのでもなく、「ベンチに腰かけて同じ方向を眺めながら話している」イメージでしょうか。感情的になりすぎず、かといって突き放した感じにもならず、一緒に同じ方向（目標）

を向いて部下を導いたり、仕事に取り組んだり、問題を解決していく。そんなイメージで部下と向き合うことが大切なのです。

"2年待てる"上司になろう

私は研修で、新入社員があなたの部下として配属されたら、2年間は辛抱強く見守ってほしいと伝えています。前にも述べましたが、私自身も新卒から2年間は営業マンとして鳴かず飛ばずの状態でした。いや同僚や先輩、上司にはお荷物なくらいだったと思います。

それでも、当時の営業課長は一度も私にプレッシャーをかけたり、イヤミの一つも言ったりしませんでした。いまでもそのことを思い出し、感謝しています。そして、飲み込みが悪そうな学生に対応するときに、つとめてかつての自分を思い出しています。

いまはすぐに結果を求めすぎる傾向がビジネスの世界ではあります。働き方改革なども、働かせ方改革になり、働く楽しさを無視して、生産性の向上目標を数字で性急に追求したりする企業が多いのです。

私は20年近く大学教員として学生を見続けてきましたし、また300を超える企業や官庁、地方公共団体で新人や管理職研修の講師を実施してきました。以前に比べて、自分の意見をハッキリ主張したがらない学生や若手が増えていることは肌で感じています。でも、学生や若手社員の能力やモチベーションが落ちてきているとはまったく感じていません。それは経営者や管理職が見えていないだけです。

だからこそ〝2年待てる上司〟であってほしいとアドバイスしています。3年目を過ぎた頃から、目の色が変わって、頼もしい戦力になる。私はそういう例をたくさん見てきているので、これだけは間違いありません。

同世代のビジネスパーソンからすると、「若者を甘やかしてどうするんだ」と思うかもしれません。でも、そこは前向きに諦めることです。そこを強引に染め直そうとすれば、ストレスで離職の引き金になります。少し注意したら、翌日から出勤してこなくなったという事例は、日本だけでなく、中国やタイの大企業でも聞く話です。

あのバスケットボールのスーパースターのマイケル・ジョーダンでも、高校1年生では球拾いをやっていたのです。高校時代の彼は補欠のときもありました。幼少の頃から天才的プレーヤーだったと思われがちですが、誰でも時間が必要なのです。

もちろん、いまでも、自分を成長させるために厳しい環境に身を置きたいという意識の高い若手は多くいます。とくにＩＴベンチャーでは顕著です。

彼らは新人であっても「この会社だと自分が成長できない」と感じたら、転職してしまいます。半年、少なくても1年で自分の成長を実感できなければ、さっさと見切りをつけます。

もし、いまいる新人社員がそういうタイプではないのなら、〝2年待てる〟家康型の上司、あるいは成長を助けて〝2年続けさせられる〟秀吉型の上司であってほしいのです。

若手の力を引き出す近道は、何をおいても「傾聴」

かつての上司・部下の関係であれば、ある程度は上司がイニシアチブを握って、一方的な指示で部下を動かす形も可能でした。権限を多く委譲されている外資系では、いわゆる「ポジションパワー」の使い方が業績を左右すると言われてきました。

正直な話、私も大企業での本部長時代には、パワハラギリギリとも思えるポジションパワーを利用したこともあります。これも、実力が伴わない、肩書をテコにしただけの借りもののパワーであり、いま振り返ると赤面モノです。ＭＢＡを取得した若い管理職などを見ていても、このミスを犯す印象があります。

しかし、いまの若手社員には、一方的に上から指示するだけでは底力を引き出せません。そこで求められるのは、前章でも触れた「傾聴」のスキルです。

アメリカのトップ・ビジネススクールで教えるリーダーシップ論では、まさにこの傾聴の重要性を説いています。とくに「ネガティブなことを言う、ＮＯを突き付けるときは、とことん相手の意見を傾聴せよ」と強調しています。

日本の上司は忙しく、部下の意見を傾聴しない人が多く見られます。それどころか、最近の忙しい上司は「俺の立場やストレスもわかってくれよ」と上司側の立場や言い訳を押し付けようとさえします。

これでは部下は反発するだけです。また、だからこそ、半沢直樹や島耕作がこれほどの人気があるのでしょう。

彼らの力を引き出したいなら、まず彼らの話に耳を傾け、彼らの思いや現状をありのままに理解し、共感しようと取り組むことが早道です。叱ったり、虚勢を張るよりよほど、限りある自らのエネルギーの有効活用になります。

そこで、誰でもできる傾聴の基本、3つのポイントを紹介します。

1．共感を示す
2．質問をする
3．気持ちを伝える

それぞれを詳しく解説していきましょう。

・傾聴の基本1　共感を示す

傾聴は自分が知りたいことを聞き出すテクニックではありません。相手が話したいことをとことん話してもらうためのテクニックです。

あくまで主体は相手にあります。

彼らが心の中で表現したいことを言葉にして伝えてもらうのです。

ですから、2・5人称の視点を意識して、否定や反論は控えてください。

かりに話が要領を得なかったとしても、最後まで辛抱強く聴くようにしましょう。

部下の目を見て、うなずいたり、相づちを打ったりと同意を示すのです。

そうしながら、相手の立場で考え、相手の言葉を自分も繰り返し、いま、その場の気持ちを感じてみようと心がけてください。

部下が仕事の負担がつらいと訴えているなら、甘いなどと頭から否定せずに「そんなに負担を感じていたのか」と、まずは共感のアンテナを高くすることです。

・傾聴の基本2 質問をする

共感を示して、部下が心を開いてきたと感じたら、次の段階に移ります。

専門的な言い方をすると「非指示的なアプローチ」をします。要は、相手に質問をするのです。

それは「どうすれば部下にこういう行動を取らせられるか」という〝指示的〟に誘導するのではなく、「どうすれば部下がそうしたくなるか」という観点から質問をするのです。

部下に自ら「現状を改善して、より良い方向に進もう」と考えてもらうのです。

そのために有効な質問は「キミならどんな対策が有効だと思うか」です。決して「こんな対策をしてみろ」と指示するのではなく、誘導もせず、本人に考えてもらう。そうすると、部下は対等な関係と認めてもらえていると感じます。
傾聴では、部下の自尊心を満たすことも効果的です。

・**傾聴の基本3 気持ちを伝える**

1と2のプロセスを踏まえると、部下は自分の問題点に気づき、改善策へと意識が向いていくはずです。

そこで、部下に対して、上司としての気持ちを伝えましょう。それは決して上から目線の意見や、部下の考えに対する評価ではなく、自分の感情を表現するだけにとどめてください。ここでも意識するのは、2・5人称の立ち位置です。

「キミと率直な意見交換ができて心から嬉しい」

上司が感じたことを素直に表現すれば、部下との距離はより縮まります。

しかも、この人は自分の意見をストレートに受け止めてくれる上司だと、部下からの信頼感が増すはずです。

以上が傾聴の基本のポイントです。

「若手の話にそこまで配慮しなければならないのか」

「忙しいのに、そこまで若手に付き合わなければいけないのか」

そう感じた人もいるでしょう。

しかし、尊重されたい、認められたいという彼らの気持ちをまず満たすことで、上司の意見にも耳を傾けてもらえるようになる。それが管理職・マネージャーとしてのあなたの手腕を磨くことになり、結果的に、自分も部下も成長し、チーム全体の成果を上げることにつながるのです。

傾聴は意識して実践しないと身につきません。興味のある人には、産業カウンセラーの資格を取ることをお勧めします。私も仕事をしながら毎週講座に通いましたが、大変有意義で、いまの仕事に大いに役立っています。

部下との信頼関係を築く6つのポイント

傾聴に続いて、部下への思い込みをなくし、さらに信頼を得るための6か条も紹介しましょう。

1．100点か0点かで判断しない
2．「いつも～だ」と考えない
3．「マイナス思考」「マイナスだけを通すフィルター」を持たない
4．事実から離れない
5．「すべき思考」にはまらない
6．レッテルを貼らない

一つずつ解説していきます。

1．100点か0点かで判断しない

部下に対してオール・オア・ナッシングで判断するのは避けてください。

たとえば、部下のケアレスミスが2回ぐらい続くこともありえます。すると、「彼は注意力が欠けているタイプだ」とすぐに落第点をつけてしまう。これでは良好な信頼関係を築けるわけがありません。仕事や人への評価を点数で表すのなら、40点や75点もあるので

す。両極端な評価はせず、バランスの良い視点を持ちましょう。

2.「いつも〜だ」と考えない

部下のいくつかの言動に対して「いつも〜だ」と判断するのは、思い込みの最たるものです。

彼が納期に間に合わなかったとしましょう。その際、いつもは納期に間に合っている事実を忘れ、ほんの数度の「納期遅れ」の件ばかりを思い出す上司がいます。そして、一度の失敗も許さない認識から「彼はいつも時間にルーズだ」と決めつけてしまう。

お互いにとって不幸な関係になります。

わずかな失敗や過ちを拡大解釈するのはやめて、部下の良い面を中心に意識するようにしましょう。

3.「マイナス思考」「マイナスだけを通すフィルター」を持たない

つねにものごとを過小評価する上司がいます。そういう人は、部下が失敗したケースを過大評価しがちです。完璧主義は官庁や金融業界の管理職によく見られますが、部下の成長を妨げていないかどうか、つねに自戒することも必要です。

トラブル自体は〝ボヤ程度〟だったのに、

「とんでもないことをしてくれたな」

などと〝大火事〟を起こしたかのようにふるまう。こんな上司を信頼する部下がいるわけがありません。

むしろ部下がもたらしたプラスをより高く評価し、マイナスに関しては、事情を確認し、被害の範囲を正確に把握する努力と責任は自分にあると伝えることです。

4. 事実から離れない

「彼は取引先で嫌われているみたいです」

根拠のない噂が上司の耳に入ることもあるでしょう。そのとき、軽々《けいけい》に信じたりはしていないでしょうか？

現在、新しい学説に関して「エビデンス（証拠・根拠）」「ファクトフルネス（事実に基づく物事の理解）」を強く求められる時代になりました。ビジネスにおいても、確証もないのに、部下の失態や問題行動を責めるのは行きすぎです。

まず事実を確かめる。確証が取れてから、部下のために改善・解決を促すための行動を取ればいいのです。

5.「すべき思考」にはまらない

こうでなければいけない。こうあるべきだという思い込みは、ぜひとも避けたい思考法です。

いわゆる「すべき思考」は、自分だけではなく、相手にも強要しがちだからです。

部下が自分の思った通りの行動をしていないと、イライラする。挙げ句の果てには、怒りの感情を爆発させてしまいます。

実際に「若手のうちは～すべきだろう」「新入社員なら～して当然だ」などと一方的な価値観や信念を押しつけて人を指導したりするのは最悪です。部下は、自分のやり方しか認めない上司として心が離れていきます。

目指すべき仕事のゴールが共有されていれば、やり方、考え方はいくつもあるはずです。「すべき思考」の罠《わな》に陥らないように注意しましょう。

6．レッテルを貼らない

「商談がまとまらなかったのは女性を担当にしたから。最後の押しが足りないからだ」
「彼はお坊ちゃん大学出身だから、仕事への貪欲さがない」

こんなふうに部下にレッテルを貼ったら、口に出す以前の意識の段階でハラスメントのレッドカードで、即退場の時代です。

もし仕事の進め方に問題があるのなら、レッテルを貼って、自分の指導力のなさを合理化するのではなく、具体的に改善する方法を一緒に探すのが上司の役目です。

ＬＧＢＴなどへの対応でも、その差が顕著に表れてきます。私のアメリカ留学や勤務時代でもすでに、有能でハートフルなＬＧＢＴの上司や教員、部下がふつうにいましたが、日本ではまだまだ排他的なレッテルを貼る管理職が多いのが実態かもしれません。ダイバーシティへの対応が進む企業では、ＬＧＢＴ啓発への研修も多く行われるようになりましたが、それでもまだ管理者や環境によるセクハラに気づかない職場が多いので気をつけたいところです。

以上の6か条を意識して、日頃から部下との信頼関係を築いていくことが大切です。

先日、ある学生が「病気のペットの面倒を見たい」という理由で授業を休みたいと申告してきました。私が即座に「ペットは家族と同じだから、しっかり看病してあげてね」と答えると、安心して休んだのです。

もし、「そんな理由で欠席は認められない。動物と勉強と、どっちが大事なんだ」と叱っていたら、その学生と私の関係は切れていたかもしれません。

あなたは部下が「ペットが病気なので会社を休みたい」と言ってきたらどうしますか?

どう判断するかは上司の認識と判断に関わってきますが、少なくとも部下の優しさだけは受け止めなければならない時代だと思います。

「不安を共有」できる上司ほど部下からの信頼度が高い

「その件は前に指示しただろう」

上司はわりと言いがちな台詞ですが、若手社員に対しては避けたほうがいいでしょう。

社会人なんだから、指示は1回で十分との思い込みは捨てたほうがいい時代です。

若手社員には、何度も同じ話をしてかまいません。

いえ、むしろ、何度も繰り返して指導するほうが効果的なのです。

かく言う私も学生に対して、あまりクドクド言うのは逆効果だと思って、かつては1回話しただけで済ませていました。いまは違います。

たとえば、ゼミのレポートの提出期限を1度告知すれば十分とは思っていません。定期的に「締め切りは○日だよ。みんな頑張ってる?」と知らせています。

ひと世代前の人からすれば、同じ話を何度もすると「しつこいなあ。何度も言わなくてもわかるよ」と反感を覚えるでしょう。でも、最近の学生に対しては逆に、丁寧に何度も確認したほうがいいのです。彼らは指示を1回聞いただけでは不安なのです。繰り返し確認して初めて、安心してくれる。1回ぐらいでは、そうなんだろうかと不安なのです。

その意味では、言葉足らずの上司が多くなっています。

ましてや、納期に対する自分自身の不安を紛らわせるために、彼らの心理的な不安をあおるような上司さえいます。これは決してやってはいけません。

「間に合わなかったら、とんでもないことになる」

「そんな暢気《のんき》な仕事の進め方では、この先、生き残れないぞ」

最悪のフレーズです。

不安をあおることは、若手社員には逆効果にしかなりません。

彼らがただでさえ不安を抱えていることは説明しました。そんな不安な心理状態をさらに悪化させるような言い方は御法度です。頑張って業務を遂行しようとする気持ちより、不安への怯《おび》えが勝ってしまうからです。

今回のコロナ禍で、多くの大学教員は、不安に駆られた学生相談のニーズの高まりを肌で感じています。学生だけでなく、教職員たちにとってもその激変とも言える環境の変化は相当なストレスです。

たとえば、対面授業からオンライン授業に移行するのは大変な作業量とストレスをともないます。どう進めていけばいいのか手探り状態で、学生も教職員も不安は大きいのです。

心配性の教員は、学生への課題の分量が多くなる傾向があります。学生は多くの科目を履修していますので、それらを合計するととても大きな負荷になってしまいます。極端な例では、どう対応していいのかわからなくなり「大学を辞めます」と言い出す学生もいたほどです。

学生も新社会人も、以前は5月、6月頃に心が不安定になりました。いわゆる五月病、六月病です。しかし、2020年はコロナ禍で、6月頃までは緊張感が先に立って、うつや不安を凌駕《りょうが》し、なんとか学生や新人社員たちを持ちこたえさせました。そのうち終息するだろう、もうちょっとの辛抱だ、との頑張りも効いたのです。ただ、コロナが長期化しつつあり、蓄積したストレスに心身はきしみや崩壊を見せ始めています。

とにかく「大丈夫だよ。不安にならなくていいよ」とメンタル面でケアし続けることが上司や経営者には求められています。

オンライン授業への移行期には、私は学生に対して「締め切りに間に合いそうになければ、申し出てくれれば対応できるから心配ないよ」と伝えていました。後に「じつは先生の言葉で退学を思いとどまったんです」と吐露した学生がいて、私も胸をなで下ろしました。

職場においても同様の気くばりが必要です。たとえば、在宅勤務をケース・バイ・ケースで柔軟に整備するなどです。

そういった気持ちを酌み取る姿勢を持っている経営者も少なくはありません。そして、そういう会社は若手からの求心力を揺るがせていません。

実際、私は毎年たくさんの企業研修や勉強会に参加していますが、「ワタナベさん、いまの若い人は大変だよね。我々の頃と違うからね」と共感し、不安を共有しようとする上司や経営者は、会社をうまくまとめています。必然、若手社員の離職問題に悩むという話も人事から聞こえてきません。

よかれと思って、つい部下にしてしまう最悪なこと

上司がよかれと思った行動が、部下の負担となり、離職につながるケースは非常に多くなっています。

なかでも、叱り方に関するトラブルが目につきます。

叱る行為は、教育であり、指導であり、成長を促す効果があると無条件に思っている上司が多いからです。ついつい強めに言ってしまう例がしばしばあります。

もちろん、昨今、パワハラのコンプライアンスに従い、頭ごなしに怒鳴りつける上司は減ってきました。しかし、それでも昔といまにおける若い世代の価値観の変化がわからず、旧来の感覚で叱咤激励している管理職が少なくありません。典型的なフレーズは、ライバル意識を刺激するハッパのかけ方です。

「同期の○○に負けるな」

「あいつの評価のほうが高いぞ」

こんな言い方は絶対にＮＧです。あおっても反骨心が湧くどころか、自信を失ったり、上司への反発心が増すだけでしょう。前章で紹介した「かりてきたねこ」の法則をぜひ思い出してください。


そもそも、いまの若手はライバル意識が希薄なのです。

それどころか競争意識や序列に対して強い拒否反応があります。バブル期前後の頃までは限られた情報しかない世界でしたから、ランキングなど判断基準や価値観がわかりやすかった。いい学校に入って、いい会社に入るという道が王道のように示されていたので、みんなが同じ価値観で測られていたものです。

私の中学時代は、中間試験や期末試験の結果が廊下に1位からビリまで氏名とともに貼り出されていました。現代で同じことをする学校があれば新聞に出るレベルの事件です。

そんな競争をあおる教育環境が一掃されて育ってきた現代の彼らは、序列やランク付けを嫌います。偏差値や大学ランキングなどが好きなのは、そんな感覚が抜けない中高年や親の関心を引こうとする週刊誌特集の世界だけです。

序章で紹介した、日経新聞を読むことを勧められたA子さんとB子さんのエピソードもその一つです。

日経新聞を読む習慣を勧めたところ、A子さんはすぐに取り入れたけれど、B子さんはやらなかった。それが真の原因だったのかどうか、本当のところはわかりません。ただ、B子さんは職場を去りました。

上司が引き起こした、競わせようとする雰囲気への葛藤が積み重なって、ついには耐え切れなくなった可能性があると私は推察します。

そのくらい若い世代にとっては待遇や給料よりも、人間関係による精神的なストレスは耐えがたい。とくに仲間内や上司との距離感は、中高年の管理職世代が想像している以上に大きいのです。

そんなデリケートな関係性を逆利用して、若手をランク付けしたり、競わせようとするなど、いまの時代には決してお勧めできません。


では、どうしたら若い世代を奮起させられるのか。

大事なことは、かつて自分たちが受けてきた動機付けや、競わせる指導法を忘れることです。競争心をあおるなど、かつてのやり方ではいまの若手の〝やる気スイッチ〟は押されません。

たとえば、指示した企画書が予想を下回るクオリティだったとしても、批評や非難するのは絶対にやめましょう。「もう1回、自分で考えてみろ」と突き放すのも、多くの場合、逆効果です。自分たちの頃は、どこが悪いのかと徹夜で考えて何度もやり直した、などと言っても彼らの心に響きません。

ダメな成果物を目の前にしたら、まずひと呼吸おきましょう。

そして、自分の指示を振り返ってみて、反省するのです。

最初に、その自省の言葉を若手にかけてあげてください。

「私の説明やディレクションがわかりにくかったかもしれないな。それは指示した私の責任だ。時間も足りなかったね。申し訳ない」

不本意であっても、まずは自分の責任を挙げて、謝るのです。

そのうえで、新たにゴールを示し、課題を分割して、細切《こまぎ》れにしたそれぞれの課題に対して明確な指示を与える。必要なら見本となるサンプルを渡してください。そこまで上司が手をかけてくれれば、若手はやる気を持って修正に取り組むはずです。

若手社員のモチベーションを上げるには、競争心をあおる必要も、ライバルの名前を出す必要もありません。仕事のゴールを明らかにして、ひたすら具体的な指示をきちんと出していく。

それが、遠回りなようで、新しい時代の優れたマネジメント法なのです。

指示も確認も、細かいくらいでちょうどいい

かつては、部下に対して進捗状況を細かくチェックすると、「うるさい上司だな」と思われ、煙たがられました。若手から「もっと自由にやらせてください」と反論されたものです。それは「超」がつくような一部の一流企業では、いまでも変わらないかもしれません。

ただ、多くの企業では、正反対の指導法が喜ばれます。繰り返し述べてきたように、細かく具体例で説明し、どこまでをいつまでと、スケジュールを丁寧に説明する上司のほうが若手社員の力を引き出すことができます。

その傾向は教員に対する学生のアンケートでも如実です。以前は「夏のゼミ合宿はキミ

たちが行きたい場所で、好きなように予定を組んでみろ」と放任主義の教員が好かれていました。いまは自由にやらせて、裁量を与えているつもりが、学生からは不人気で、不親切な指導だととらえられます。回答に「投げ出されたようだ」「面倒見が悪い」「イミ不明な指導です」などとマイナス評価が並ぶこともあります。

この傾向は社会人になっても続きます。あるエンジニアリング会社の課長からこんな話を聞きました。

その人が若手社員にソフトウェアのプログラミングを1か月で完成させてほしいと頼みました。その仕事は若手社員に任せ切っていて、その後、とくに何も報告や相談がなかったので、順調に進んでいるとばかり思っていました。

ところが、納期の3日前になって「課長、もう納期までには間に合いません」と報告してきたというのです。ここで初めて、課長は頼んだ仕事が半分も進んでいなかったことに気づきました。

本来なら、もっと前から手に負えないと感じていたはずです。たとえば、納期の10日前に「少し厳しいかもしれません」と報告すれば、課長は納期を延長するなり、応援を手配するなり、対処のしようがありました。いくらなんでも納期3日前にギブアップされたらどうしようもありません。これは部下の仕事の進捗状況を確認しなかった課長のミスでもありますが、こういった事例は管理職研修をしていると、本当によく聞きます。

部下の成長に応じて、指示は4段階で変える

もちろん、どこまで細かく口を出すか、どこまで部下に任せるかは、当人の仕事の成熟度によっても変わってくるでしょう。成長に応じて変えていく必要があります。

昨今は人手不足の職場が多く、その人の成熟度やキャパシティを超えた過大な要求を課すケースも見られるようですが、それでは結局、過剰な負担になって、仕事への意欲を失わせたり、心身を壊して、離職につながってしまったりすることになります。本人、上司、会社、誰にとってもいいことはありません。

そうならないために、成熟度に応じた指導の仕方、仕事の振り方、口の出し方をする必要があります。

そんなときに参考になるのが、「シチュエーショナル・リーダーシップ理論」（SL理論）と呼ばれる、人材開発の分野では大変有名な理論です。

これはアメリカの行動科学者であるポール・ハーシーと、組織心理学者ケネス・ブランチャードが提唱したもので、部下の4段階の成熟度に応じて、指導の仕方を変えていくことを勧めるものです。日本の職場・職位に合わせて、少しアレンジした形で紹介しましょう。

・成熟度1：その仕事に対してまったくの未経験者
・成熟度2：ある程度、自分でできるようになった状態
・成熟度3：その業務に精通している状態
・成熟度4：高い専門性を持って成果を出せる状態

そして、それぞれの成熟段階で、上司は指導の仕方を変えていくのです。

・成熟度1の部下→「指示型」の指導

新人から入社2年目くらいまでの部下に多い状態。外国人部下なども該当します。具体的な指示命令を細かく出し、仕事の進捗状況もその都度、確認する。たとえば、「いつまでに」「誰に対して」「何を」「どこまで」「どのように」を文字で示して、さらに中間での報告、相談、

連絡のタイミングのスケジュールも示していくのです。

・成熟度2の部下→「コーチ型」の指導

入社3年目以降によく見られる、仕事のコツをつかんできた状態。指示命令は出し、仕事の進捗状況も細かく確認するが、部下から独自の提案も出させ、前進させるように指導する。ただし、入社3年目を過ぎても成熟度2に達しない部下もいるので、その場合は成熟度1の「指示型」の指導を続けて、成熟度が上がるのを辛抱続く待つことも必要。

・成熟度3の部下→「援助型」の指導

仕事の達成に向かって部下を促し、傾聴を心がけながらサポートし、意思決定への責任は部下とともに引き受ける。結果とプロセスでの評価の配分を明確にしていく。

・成熟度4の部下→「委任型」の指導

意思決定も問題解決の責任もすべて部下に任せる。外資系ではよく見られますが、実績への評価と、その報酬へのリンクを強めていくこともポイントです。

繊細な若手社員の力を引き出す6か条

今回の本を通して、私は現代の若い世代の価値観、常識、メンタルは、中高年の世代とは大きく違う部分が多いと、繰り返し説明してきました。

アフターコロナは「New《ニュー》 Normal《ノーマル》（新しい生活様式）」の感覚で生きていくことが推奨されています。いままでと同じ日常ではないという意味です。

繊細な若手社員と接するのも同じだと思います。

従来の価値観や経験則に縛られることなく、新しいマネジメント、新しいコミュニケーションで向き合っていく意識変革と覚悟がいま、このタイミングで求められているのです。

自分の職場の現実と照らし合わせて共感していただけた読者もいれば、「ますます混乱しそうだ」と頭を抱える読者も少なからずいることでしょう。

本書のまとめとして、その具体的なヒントを6か条にしましたので、ぜひ参考にしてみてください。

1. 賞罰や競争、比較をからめないこと

インセンティブや昇進で目の色を変える若手社員が減っているという話をしました。

また、競争意識は希薄で、他人と比較されるのを嫌うことも事実です。

では、やる気を促すにはどうすればいいのか。

まずは彼らが何に重きを置いているのかを重視してあげてください。業務上、縦関係はありますが、彼らの横関係に加わることで、信頼関係を築くことができます。

その際、時には彼らのルールに従って一緒の時間を過ごすことも大切です。

たとえば、若手と食事会や飲み会に関しては、基本的に彼らは〝割り勘〟が前提です。

女性と食事をしても均等割りが当たり前になりつつあり、考え方も急速に多様化しています。実際、「女性の参加者は安くていいよ」なんて言われたら、「ラッキー！　さすが部長！」と喜ぶ女性もいますが、「みんな一緒でいいです」と言う女性も増えてきています。

つまり、「ここは俺が払っておくわ」は、何か別の目的があるのではないかと余計な詮《せん》索《さく》をされることもあり、上司が思うほどには歓迎はされないのです。多くは食事くらいで上司に借りを作りたくない感覚です。職場での距離感を微妙に測っているのです。

あるいは、コスパの考えもあります。アルコールを飲まない人からすれば、均等割り勘

がおかしいんじゃないかという意見もよく出るようになりました。

そうやって、仕事を離れた場面では、彼らと横の関係を意識し、信頼を築いていくことが何より基本です。

2．共同体の感覚を持たせる

「ワンチーム」という考え方に功罪があるとお話ししました。

あらためて言えば、スポーツの世界なら美しいですが、実際の社会や家庭、企業においては、ワンチームという名のもとに目に見えない犠牲があるのです。

企業でのワンチーム化は少数派の苦渋を無視しがちです。

たとえば、若手社員は社内イベントなどでの余興を嫌がります。

かつては、慰安旅行や研修などの懇親会では、上司とカラオケでデュエットしたり、笑いを誘う出し物芸をしたりすることは新人の通過儀礼のようなものでした。あるいは、罰ゲームをやらせるのもよくある光景でした。そうやってある意味、恥ずかしい体験を乗り越えることで、新人時代に笑い合って、仲間意識を高め、親しくなったものです。

しかし、現在ではそんな行為の強要は許されません。パワハラになります。にもかかわらず、いまだにこんな行事をしている企業があることは、教え子の卒業生たちから聞いています。

若い人たちはカラオケ自体が嫌いなわけではありません。彼らは高校生の頃から頻繁に行っています。カラオケボックスで歌って夜を明かす〝オール〟なんてイベントも普通にやっています。誰かを笑いものにしたり、我慢させたり、傷つけるなどの犠牲にしてまで一体感を得たくないだけなのです。

知人の娘さんが高校受験をしたとき、彼女たちは仲がいいグループ内でも「どこの高校を受けるか」を教え合わなかったそうです。ＬＩＮＥでつながっていて、長時間いろんな話で盛り上がっても、そこには絶対に触れない。理由は、もし誰かが落ちたときに仲間に知られるのはかわいそうだからだそうです。

私の世代が中学生、高校生のときよりも、ある意味、いまの若者たちは大人の良識があるとも言えるかもしれません。

そんな彼らに対しては、便宜上、上司・部下の役割はあるけれど、絶対的な上下関係があるわけではない。一緒に目標に向かって頑張るための仲間だということを言い続ける必要があるでしょう。

3．YES・NOの表明を強要しない

若手社員が少々ハッキリしない態度を取っていたとしても、「YES・NO」を迫るのはよくありません。彼らに単刀直入に意思表示させようとする行為には気をつける必要があります。

実際の仕事現場では「YES・NO」の間のグレーゾーンに答えがある場合が多いもの。そういった意味では、自分の意思をハッキリ表明しないことは、美徳でもあるのです。YES・NOを言えない、明言しない彼らにも言い分がある。だから、どんな問題であっても、有無を言わさずYES・NOの返答を迫るのではなく、彼らがどう考えているのかに、まずはじっくり耳を傾けることが重要です。

4．不安に共感し、不安を共有する

「いまの若手は恵まれているのに根性がない」

離職者の多い企業の営業部長や経営者たちはそう不満をこぼしがちです。

「俺らの若い頃は、会社に1週間寝泊まりした」

「休日返上で働いた」

「独身寮にはトイレもなかった」

この手の自慢話が彼らに通用しないことは、何度もお話ししました。

コンプライアンス遵守《じゅんしゅ》が叫ばれ、世の中は大きく変わっているにもかかわらず、世界に冠たる大企業においてすら、超過残業、ハラスメントなど心理的な快適さにほど遠い事例がニュースになりました。いまでも息が詰まるようなストレスを感じさせている職場もあると思います。

若い世代はマインドフルネス（心身のバランスを維持し、いま、この瞬間を大切にする生き方）を重視しています。コロナでの在宅社員に向けた社内セミナーで人事を驚かせるのが、このマインドフルネスのセミナーの人気ぶり。ですので、人事部長が「マインドフルネス？　あやしげですね。それ、なんですか？」と質問してくるような企業では離職者も多いことに気がつきます。

そういう意味でも、コロナでの不安を抱えた彼らを放置し、我慢させたままにしておくのは大問題です。

やがて、ストレスによって心が折れてしまうケースも出てきます。そんな状況での離職は、できるだけ回避することが必要です。経営陣から「疲れがたまってない?」「ちゃんと寝られている?」「不安はある?」と尋ねて、社員を安心させる必要があるのです。

仕事に不安を感じていると気づいたら、その不安をまずは傾聴してあげてください。そして、その際、2・5人称の視点を忘れず、決して途中で話の腰を折ることのないようにしてください。

5. 相手の考え、環境、生き方に共感する

昭和世代の成功者の多くは、仕事第一だったとよく言いますが、極端な話、仕事第一で働けるほど恵まれた、いや、いびつな環境だったとも言えます。

しかし、いまやビジネスパーソンの環境は千差万別で、価値観もそれぞれです。

その世の中の変化に上手にシフトできなかったある日本の自動車メーカーは、大きく業績を落としつつあります。車のユーザーを、仕事をバリバリこなす男性の視点に偏って見てきたからです。また、世界の市場とユーザー心理への共感力が足りなかったから、とも分析されています。

当然ながら、いまやアジアでも女性ドライバーは多いし、車を使うシチュエーションも

さまざまです。自動車を選ぶ決定権が妻にある家庭も少なくない。そんな状況が読めずに、男性が喜ぶ車ばかりを造っていけば、他社に後れを取るのは火を見るより明らかでした。

では、ひるがえって、その視点を自分の職場に向けたとき、どうでしょうか？ 自分のチームメンバーに対して、ワークライフバランスを把握できていますか？

私は自省の念を込めて書いています。

ある学生が仕上げてくるレポートの内容が薄く、適当に書いている印象を持っていました。ところがある日、彼は家庭の事情を抱えていて、毎晩生活費を補うためにアルバイトしている事実を知ったのです。時間的にレポートに打ち込める状況ではなかったわけです。

その事実を知ったとき、彼のレポートを見る目が変わりました。時間がない中、最低限の要素を入れて成立させようと頑張っている面が見えたのです。本人と話してみると真面目な性格であるのも伝わってきました。もしその事実を知らなければ、手を抜く学生だという先入観で彼を評価していたかもしれません。

各人の抱えている状況や価値観を知らずに、頭ごなしに、

「大事な仕事だから明日までにやっておいてくれよ」

と、有無を言わさず命令していませんか。部下が病気の家族を抱えていると知っていて、

「できることならキミにやってほしい。でも、無理なら遠慮せずにすぐに言ってくれ」

と頼むのとでは、仕事を受けた側の反応がまったく変わってきます。

6．責任を口にしない

「おまえたちのやりたいようにやってみろ。その代わり全力投球しろ。責任は俺が取るから心配するな」

こんな啖呵《たんか》を切っても、いまの若手社員にはたいして響きません。

彼らは「自分に酔っている」とか「耳あたりのいい台詞だけど、こっちにプレッシャーをかけている」と見透かしているからです。

企業の管理職の中には、いわゆる〝ヒラメ型（上の顔色ばかり見ている）〟で、部下のためを思っての発言ではなく、自分に度量があることを上役にアピールしたいがために言っている人も少なくないものです。

多くのビジネスパーソンの価値観が仕事に一元化されていた時代は、部下を奮起させる効果があった言葉でも、すでに賞味期限切れです。何度も言いますが、ワークライフバランスのそれぞれの比重が違う現代では、部下に無理強いするだけの台詞に過ぎません。

責任云々《うんぬん》などと言って、自分も部下も追い込むのではなく、上司と部下で役割は違えど、同じ目的に向かっていく仲間として、共に力を合わせていくことを伝え、それを共有していくことが求められているのです。

以上の6つのポイントを意識すれば、少なくとも若手社員とコミュニケーションがいま以上に断絶することはないはずです。

大事なことは、職場においては誰もが仕事や会社、出世、報酬という価値観で動く、という思い込みを捨てることです。

若手の力を引き出している上司が「真っ先にやめた」こと

働き方改革が叫ばれ、時短に関するフレーズをあちこちで目にしますが、仕事量は減っていません。総務や人事部門の責任者たちとのオンラインミーティングでも、無駄なハンコ、上司も読まない形式だけの報告書類、無駄な定例会議など、断捨離リストが一向に減らないとの嘆きを多く聞くのが実情です。

しかし、いっぽうで、在宅勤務を非常事態宣言解除後もさらに進めていく企業もあります。

では、そんな新しい働き方、働き方改革そのものが成功している職場は、どんな企業なのでしょうか。

私の知る限り、それは社長などトップが率先して、自らの時短やハンコプロセスの断捨離を、待ったなし、例外なしで遂行している会社です。

つまり、経営者自身が「この仕事、この会議も廃止。この書類にはハンコはいらない」と仕事量を減らしているケースです。

ポイントは、まずは〝上から率先してやめること〟。部下に対して「無駄な仕事があったら申告してくれ」といくら言っても、なかなか忖度《そんたく》や遠慮などから進言できません。だから、いつまでも仕事量が減らないのです。とくに総務部が完璧主義だと、改革は進まない傾向があります。

でも、上の人間の決断で、まずやめてしまう。そうすれば、ほとんどの仕事が復活することはありません。

責任云々より、まず「この仕事はいらない」と仕事を減らして、仕事の負担を軽くすることのほうが、よほど喜ばれるでしょう。それは社員をラクにするというより、より高い生産性や革新的なアイデア、モチベーション、求心力を生み出すきっかけになるのです。それは、いま注目される「健康経営」の取り組みも同じです。


中高年世代は、プライベートの時間を犠牲にすることに鈍感な面があります。

私もその価値観で、アメリカのペプシコーラ本社での勤務を始めました。

それまでの私は、英語力の不安があり、それをカバーする意味もあって〝24時間仕事漬け〟で働くくらいのイメージでいたのですが、アメリカでもエリートの部類に入る同僚たちは、プライベートの時間も仕事と同じ比重で重要視していたのです。

「今日は4時からメンタル・カウンセリングを受けるんだ」

「会議は早めに終わらせてくれ。子どもを迎えに行かなきゃならない」

「その海外出張の日程だと、ボランティアでリーダーをやっている公園のゴミ拾いキャンペーンとぶつかる。変更してくれ」

そうやって仕事を切り上げていたのです。

「仕事とプライベートのどっちが大事だ」

かつての日本企業では当たり前に繰り返されていたこんな問いかけは、誰もしません。それでも、ペプシコなどは利益、生産性ともにトップクラスで、最優秀な人材を集めていました。

そして最近では、ワークとライフに加えて、ソーシャルにも重きを置くようになっています。ソーシャルとは地域活動やボランティアなど、仕事以外の社会交流のことを指していて、日本の若い世代の間でもＮＰＯやＮＧＯへの参加意識が高まっている傾向があります。

つまり、ワーク・ライフ・ソーシャルをバランスよく保っていこうというのが、いまのグローバル企業の流れであり、その傾向は今後、日本でもますます強くなっていくはずです。

さらに、今回のコロナや、相次ぐ自然災害、気候変動、社会不安によって、意識改革の時代を迎え、ワーク・ライフ・ソーシャルに、スピリチュアル（精神的、内面的な健康）を加える動きがアメリカのビジネススクールであります。つまり、ワーク・ライフ・ソーシャル・スピリチュアル・バランスです。

さすがに日本では、そこまではまだ先の話かもしれませんが、マインドフルネスへの関心などから、必ずしも遠い未来の話ではないように思えます。自分ならではのワークライフバランス、さらにソーシャルやスピリチュアルも加えた、バランスの取れたキャリア、人生を大事にしたいものです。

人生１００年時代の議論も盛んです。ぜひ本書から一つでもヒントがあり、若い世代と共にみなさんの仕事も人生もより豊かになることを願っています。

お金でも役職でも、競争でもない、世代を超えて共通する「やる気」の源

管理職時代、経営者時代の私は、あの手この手で若手社員のやる気を促そうとしました。ある企業での営業部長時代には、「営業成績で目標達成した社員はグアム旅行に招待する」という企画を立ち上げたことがあります。

何人かは「やるぞ！」と盛り上がってくれましたが、大半の若手にはそっぽを向かれました。すでにその頃には、モノで釣る、インセンティブ、みんなの前で表彰する、などのやり方が古臭くなっていたのでしょう。目標達成した社員の1人は、この旅行インセンティブを辞退したほどです。

雇用の流動化が叫ばれて久しいですが、せっかく入社した社員が離れることを企業側は望んでいないはずです。

にもかかわらず、離職を嫌がる企業が、彼らの内面的な部分より、仕事での貢献度ばかりに目を向けているのは問題です。そこで彼らが離れようとすれば、給料など金銭面で引

き留めようとする。昔の経営者、リーダー、幹部は、まさにｄｏｉｎｇ（地位や役職、お金などの目に見えるもの、形のあるもの）の世界で勝ち上がってきた人が多いでしょう。だから、ボーナス、インセンティブでやる気を出させようとするのが当たり前になっています。ところが、それで若手社員を刺激しても、効果がなくて乗ってこないため、戸惑います。その両者のズレが大きくなれば、退職してしまう結果になるのです。

では、どうすれば彼らの心に響くのかと言いたくなるでしょう。

じつは、本質的なことを言えば、意外と身近なところにあるのです。制度を変える必要も、ボーナスを用意する必要もありません。

「この会社のビジョン実現にキミが必要なんだ。そのためにも、キミの成長と生活をサポートする」

彼らに繰り返し、そう言って、思いを伝えるのです。

ｄｏｉｎｇではなく、ｂｅｉｎｇ（存在そのもの）で彼らの存在、生活、生き方を尊重するのです。成果や数字だけではなく、その若手の内面的な優しさや気遣いなどに賛辞を贈ってみてください。

不安でいっぱいの若い世代は多いです。それは私がエグゼクティブ・コーチングで関わっている社長や幹部たちもまったく同じです。

いつ自分を取り巻く環境が激変するかわからないと潜在的に恐れる世界に生きている。そんな彼らに「ここにいてほしい。我々も不安だ。キミが必要なんだ」と承認し、不安を認め、安心感を共有するのです。そして、無理に距離を詰めようとせず、彼らのライフを、そして心身の健康をサポートし尊重する。そんなワークライフバランスの促進、健康経営の促進こそが、結果的に成果や売り上げ、利益の数字となって返ってくることにつながるはずです。

これまで300を超える企業、官庁、地方公共団体の職場改善研修に関わってきました。その際に、多くの経営者、人事総務部門の人たちと話をしていて、beingの世界で社員の存在を認めている職場の離職率は低いと私は実感しています。

「キミがいてくれること自体が会社にとってありがたいことなんだ」

これは若い世代に限らず、すべての社員に響く言葉です。

少なくとも、会社が求める基準で選考条件をクリアして入社してきた同志たちです。世代や性別、価値観を超えてわかり合えるはずです。

今回、若い世代の傾向や特徴に関して解説し、あえて昔との違いを強調してきました。

でも、じつは、紹介してきたヒントはどの世代にも通じることでもあります。

「やってみせ、言って聞かせて、させてみて、ほめてやらねば、人は動かじ」

日本の連合艦隊司令長官、山本五十六《いそろく》が好んで使ったとされる、誰もが一度は聞いたことがある名言です。ただ、この言葉には、

「話し合い、耳を傾け、承認し、任せてやらねば、人は育たず」

と続き、

「やっている、姿を感謝で見守って、信頼せねば、人は実らず」

と締めくくられます。

本来、上官の命令は絶対であるはずの軍人の集合体、それも海軍のエリート集団組織ですら、そこまで丁寧にアプローチしなければ人は動かなかったのです。

これから本格化する変化と多様性の時代。全世代がお互いを理解し、共感し合いながら、新しい時代の働き方を味方につける必要があります。

そのためには、まずは身近である職場の人間関係を一歩、歩み寄ることで改善し、仕事も含めた人生をより充実させていこうではありませんか。

編集協力／佐野　裕
ＤＴＰ／エヌケイクルー

青春新書
INTELLIGENCE

こころ涌き立つ「知」の冒険

いまを生きる

"青春新書"は昭和三一年に——若い日に常にあなたの心の友として、その糧となり実になる多様な知恵が、生きる指標として勇気と力になり、すぐに役立つ——をモットーに創刊された。

そして昭和三八年、新しい時代の気運の中で、新書"プレイブックス"にその役目のバトンを渡した。「人生を自由自在に活動《プレイ》する」のキャッチコピーのもと——すべてのうっ積を吹きとばし、自由闊達な活動力を培養し、勇気と自信を生み出す最も楽しいシリーズ——となった。

いまや、私たちはバブル経済崩壊後の混沌とした価値観のただ中にいる。その価値観は常に未曾有の変貌を見せ、社会は少子高齢化し、地球規模の環境問題等は解決の兆しを見せない。私たちはあらゆる不安と懐疑に対峙している。

本シリーズ"青春新書インテリジェンス"はまさに、この時代の欲求によってプレイブックスから分化・刊行された。それは即ち、「心の中に自らの青春の輝きを失わない旺盛な知力、活力への欲求」に他ならない。応えるべきキャッチコピーは「こころ涌き立つ"知"の冒険」である。

予測のつかない時代にあって、一人ひとりの足元を照らし出すシリーズでありたいと願う。青春出版社は本年創業五〇周年を迎えた。これはひとえに長年に亘る多くの読者の熱いご支持の賜物である。社員一同深く感謝し、より一層世の中に希望と勇気の明るい光を放つ書籍を出版すべく、鋭意志すものである。

平成一七年　刊行者　小澤源太郎

著者紹介

渡部卓〈わたなべ　たかし〉

産業カウンセラー、認定ビジネスコーチ、帝京平成大学現代ライフ学部教授、武漢理工大学客員教授。1979年早稲田大学政経学部卒業後、モービル石油に入社。その後、米コーネル大学で人事組織論を学び、米ノースウェスタン大学ケロッグ経営大学院でMBAを取得。90年日本ペプシコ入社後、AOL、シスコシステムズ、ネットエイジを経て、2003年ライフバランスマネジメント社を設立。14年4月 帝京平成大学現代ライフ学部教授に就任、現在に至る。職場のメンタルヘルス・コミュニケーション対策の第一人者として、講演・企業研修・コンサルティング・教育等、多方面で活躍中。主な著書に『折れやすい部下の叱り方』(日本経済新聞出版社)、『明日に疲れを持ち越さない プロフェッショナルの仕事術』『人が集まる職場　人が逃げる職場』(クロスメディア・パブリッシング)ほか著書・監修書多数。

あなたの職場《しょくば》の
繊細《せんさい》くんと残念《ざんねん》な上司《じょうし》

青春新書
INTELLIGENCE

2020年9月15日　第1刷

著　者　渡《わたな》部《べ》　卓《たかし》

発行者　小澤源太郎

責任編集　株式会社プライム涌光
電話　編集部　03(3203)2850

発行所　東京都新宿区若松町12番1号 〒162-0056　株式会社青春出版社
電話　営業部　03(3207)1916　振替番号　00190-7-98602

印刷・中央精版印刷　製本・ナショナル製本

ISBN978-4-413-04600-8